板書&展開例でよくわかる
社会科
授業づくりの教科書
6年

社会科6年の
1年間365日の
授業づくりを
完全サポート！

主体的・対話的で
深い学びを
実現する！

朝倉 一民 著

明治図書

はじめに

　2016年夏，私にとって初めての単著『子ども熱中！　小学社会「アクティブ・ラーニング」授業モデル』を発刊することができた。私なりにこれまでの教師生活の中で培ってきた社会科学習のアクティブ・ラーニングを生む授業モデルを小学校3年生から6年生までの各単元でまとめたものである。この本を読むに当たり，社会科の授業でどのように子供たちが主体的・対話的で深い学びへと取り組んでいくのかがイメージできるように教師と子供の対話形式でまとめている。4学年全体の単元を網羅したことで多くの人々に手に取ってもらえる書となったことを嬉しく思う。

　しかし一方で，書き進めていくうちに，もどかしさがあったことも事実である。もう少し，教材性について触れておきたい，もう少し単元の流れを書いておきたい，全授業の板書例を掲載したい…など，伝えたいことが膨らんできて，それをどのように整理しながらまとめていくかが悩みの種でもあった。紙面には限りがあるので仕方がない。ただ，機会あれば，各学年の1時間ずつの授業の流れを説明できれば…と考えていた。

　したがって，この著書の執筆依頼をいただいたことを大変ありがたく感じている。前著でカバーできなかった1時間の授業展開や板書，発問，評価を余すところなく書き記したつもりである。本書は第6学年の全時間社会科授業案である。

　そんな折，2016年8月に中教審教育課程部会より「次期学習指導要領等に向けたこれまでの審議のまとめ」が報告された。「アクティブ・ラーニング」には「主体的・対話的で深い学び」というねらいが定められ，授業におけるアクティブ・ラーニングの視点が明確になった。「主体的な学び」は，見通しをもち，自らを振り返りながら次につなげていくこと。「対話的な学び」は，協働だけではなく，先生や地域の人との対話，先哲の考えを通じ，自分の考えを広げていくこと。そして，その上で教科における概念や考え方を活用した「見方・考え方」を働かせ問題を解決していくことが「深い学び」と読み取ることができる。

　そして，2017年3月についに新学習指導要領が公示された。前述したアクティブ・ラーニングの視点が教科・特別活動・総合的な学習の時間を横断する横糸とするならば，各教科の縦糸が「教科の見方・考え方を働かせた資質・能力の育成」であり，新学習指導要領では，それが目標に（1）知識及び技能，（2）思考力，判断力，表現力等，（3）学びに向かう力，人間性等という形でわかりやすく明示されている。

　この「主体的・対話的で深い学び」を本書でどのように表していくか。もちろん，それらは切り離して考えるべきものではないだろうし，方法論的な「型」を生み出すべきものでもない。ただ，書籍として説明するということになるとどうしても本書を手に取ってくれた先生たちがわかりやすく理解できるような内容構成にしたいと考え，あえて本書では1時間の授業，1時

間の問題解決を重視した。そして，その中に，「主体的な学び」を生み出す場面，「対話的な学び」を生み出す場面，「深い学び」を生み出す場面を位置付けている。「このようなパターン通りにはうまくいかない」とお叱りを受けるかもしれない。それはごもっともである。しかし，私はこれから教師になろうとする若い先生や，社会科の授業がどうしてもうまくいかないと悩んでおられる先生，アクティブ・ラーニングの視点で授業がしたいと考えている先生たちが，手に取ってすぐに実践できるように執筆をさせてもらった。

　本書は6年生の内容である。6年生では縦糸となる社会科における資質・能力が以下のように整理された。ここに簡潔にまとめる。

⑴　政治の考え方と仕組みや働き，国家及び社会の発展に大きな働きをした先人の業績や優れた文化遺産，我が国と関係の深い国の生活や国際社会における我が国の役割の理解。各種の基礎的資料を通して，情報を適切に調べまとめる技能。

⑵　社会的事象の特色や相互の関連，意味を多角的に考える力，社会に見られる課題を把握して，その解決に向けて社会への関わり方を選択・判断する力，考えたことや選択・判断したことを説明したり，それらを基に議論したりする力。

⑶　社会的事象について，主体的に学習の問題を解決しようとする態度や，よりよい社会を考え学習したことを社会生活に生かそうとする態度。多角的な思考や理解を通して，歴史や伝統を大切にして国を愛する心情，国民としての自覚や平和を願い世界の人々と共に生きることの大切さについての自覚。

　6年生社会科では歴史的背景や政治的背景が中心となり，教師もまた深い知識が必要となる。そのため，各項目では深い教材化ができるように学習内容を詳細に記したつもりである。授業づくりの手引きとしても活用していただければと考えている。本書をもとに授業を実践することで，子供たちの「アクティブ・ラーニング」を生み出す姿を見ることができると信じている。読者である先生たち自身が，本書をもとに実践し，うまくいったところ，うまくいかなかったところを加除修正しながら，自身の「見方・考え方」を広げていただければ，それは願ってもないことである。

　　　　　　　　　　　　　　　　　　　　　　　　　　　　　　朝倉　一民

はじめに……3

1章 主体的・対話的で深い学びを実現する！社会科授業デザイン

1　社会科での主体的・対話的で深い学びの実現……10
2　本書の読み方……16

2章 主体的・対話的で深い学びを実現する！社会科授業づくりの教科書　板書＆展開プラン

「社会科授業づくりの教科書　板書＆展開プラン」の使い方

☆2章以降の実践編は，下記のような項目で，授業の全体像をまとめました。読者の皆様の用途に合わせてご活用いただければ幸いです。

○授業での板書例
○本時のねらい（観点別）と評価
○アクティブ・ラーニング的学習展開
　① 深い学びを生む学習問題（かかわる）
　② 対話的な学びを生む協働（つながる）
　③ 次時へ見通しをもつ主体的な学び（創り出す）
○ＩＣＴ活用のポイント

1 [縄文から古墳へ]

1　昔のことがどうしてわかるのか？（学習課題 No.01・1時間構成）……18
2　縄文時代はどのような生活だったのか？（学習課題 No.02・1時間構成）……20
3　弥生時代はどのような生活だったのか？（学習課題 No.03・1時間構成）……22
4　米づくりによって，暮らしはどのように変わったか？（学習課題 No.04・1時間構成）……24
5　どうして古墳がつくられたのか？（学習課題 No.05・1時間構成）……26

6　クニはどのようにまとまっていったのだろうか？（学習課題 No.06・1時間構成）……28

7　縄文から大和朝廷までをまとめよう！（学習課題 No.07・1時間構成）　　……30

2 ［飛鳥から平安へ］

1　天皇中心の国づくりはどのように始まったのか？（学習課題 No.08～09・2時間構成）……32

2　聖徳太子が目指した政治は？（学習課題 No.10・1時間構成）　　……34

3　天皇中心の国づくりはどのように続いたのか？（学習課題 No.11・1時間構成）　　……36

4　奈良の大仏はなぜつくられたのか？（学習課題 No.12・1時間構成）　　……38

5　鑑真はなぜ日本にやってきたのか？（学習課題 No.13・1時間構成）　　……40

6　藤原氏はどのように力を付けたのか？（学習課題 No.14・1時間構成）　　……42

7　貴族の暮らしはどんなものだったのか？（学習課題 No.15・1時間構成）　　……44

8　飛鳥から平安までをまとめよう！（学習課題 No.16・1時間構成）　　……46

3 ［鎌倉から室町へ～武士の政治］

1　武士はどのように力を付けていったのか？（学習課題 No17～18・2時間構成）　　……48

2　頼朝はどのような政治を行ったのか？（学習課題 No.19・1時間構成）　　……50

3　元と戦った幕府はどうなったのだろうか？（学習課題 No.20・1時間構成）　　……52

4　室町時代にはどんな文化が生まれたのだろうか？

（学習課題 No.21～22・2時間構成）　　……54

5　室町時代の文化はどのようにして広まったのだろうか？

（学習課題 No.23・1時間構成）　　……56

6　鎌倉から室町までをまとめよう！（学習課題 No.24・1時間構成）　　……58

4 ［戦国から安土桃山へ～3人の武将と天下統一］

1　戦国時代って，どういう時代だったのだろうか？

（学習課題 No.25～26・2時間構成）　　……60

2　なぜ，信長は領地を広げていくことができたのか？（学習課題 No.27・1時間構成）……62

3　秀吉は天下統一後，どのような国づくりを目指したのか？

（学習課題 No.28・1時間構成）　　……64

4　家康は天下統一後，どのような国づくりを目指したのか？

（学習課題 No.29・1時間構成）　　……66

5　天下統一についてまとめ，新聞に書こう！（学習課題 No.30・1時間構成）　　……68

5 ［江戸幕府と政治の安定］

1　江戸時代は，どうして265年も続いたのか？（学習課題 No.31〜32・2時間構成）　……70

2　全国各地の大名をどのように取り締まったのか？（学習課題 No.33・1時間構成）……72

3　幕府はどのように百姓や町人を取り締まったのか？（学習課題 No.34・1時間構成）……74

4　幕府はなぜ鎖国を行ったのか？（学習課題 No.35・1時間構成）　　……76

5　江戸幕府についてまとめ，新聞に書こう！（学習課題 No.36・1時間構成）　……78

6 ［町人の文化と新しい学問］

1　江戸時代にはどうして多くの文化が生まれたのか？

（学習課題 No.37〜38・2時間構成）　　……80

2　江戸時代にはどうして多くの娯楽が楽しまれたのか？

（学習課題 No.39・1時間構成）　　……82

3　新しい学問は社会にどのような影響をもたらしたのか？

（学習課題 No.40・1時間構成）　　……84

4　江戸の文化についてまとめ，新聞に書こう！（学習課題 No.41・1時間構成）　　……86

7 ［明治維新を進めた人々］

1　江戸の町並みが大きく変わったのはなぜだろうか？（学習課題 No.42〜43・2時間構成）……88

2　ペリーの開国要求によって，日本にはどんな影響があったのか？

（学習課題 No.44・1時間構成）　　……90

3　明治政府はどのような国づくりを目指したのか？（学習課題 No.45・1時間構成）……92

4　新政府の改革に，どのような不満があったのか？（学習課題 No.46・1時間構成）……94

5　国会開設前に，どんな準備をしていったのか？（学習課題 No.47・1時間構成）　……96

6　明治維新の時代をまとめ，新聞に書こう！（学習課題 No.48・1時間構成）　　……98

8 ［二つの戦争と日本の発展］

1　日本の立場が大きく変わっていったのはなぜだろうか？

（学習課題 No.49〜50・2時間構成）　　……100

2　二つの戦争によって，日本の立場はどのように変わったのか？
（学習課題 No.51・1時間構成）　　　……102

3　条約改正はどのように行われたのか？（学習課題 No.52・1時間構成）　　　……104

4　日本はどのように世界に進出したのか？（学習課題 No.53・1時間構成）　　　……106

5　人々にはどのような不満があったのか？（学習課題 No.54・1時間構成）　　　……108

6　日清・日露戦争と大正時代をまとめ，新聞に書こう！
（学習課題 No.55・1時間構成）　　　……110

9［太平洋戦争と人々の暮らし］

1　アジアの中で日本はどのような存在になっていったのか？
（学習課題 No.56〜57・2時間構成）　　　……112

2　日本はなぜ，満州に進出したのか？（学習課題 No.58・1時間構成）　　　……114

3　戦争はどのように広がっていったのか？（学習課題 No.59・1時間構成）　　　……116

4　戦時中の国民はどのような思いだったのか？（学習課題 No.60・1時間構成）　　　……118

5　戦争はどのように終わったのか？（学習課題 No.61・1時間構成）　　　……120

6　15年戦争をまとめ，新聞に書こう！（学習課題 No.62・1時間構成）　　　……122

10［平和を目指した国づくり］

1　戦後の日本はどのようにして復興していったのか？
（学習課題 No.63〜64・2時間構成）　　　……124

2　日本の政治はどのような改革を行ったのか？（学習課題 No.65・1時間構成）　　　……126

3　なぜ，日本はオリンピックを開催したのだろうか？（学習課題 No.66・1時間構成）……128

4　新しい日本・これからの日本についてまとめ，新聞に書こう！
（学習課題 No67・1時間構成）　　　……130

11［地方自治と私たちの暮らし］

1　現代の国づくりの様子を調べよう！（学習課題 No.68〜69・2時間構成）　　　……132

2　現代のまちづくりを調査しよう！（学習課題 No.70〜71・2時間構成）　　　……134

3　市民の声はどのように市政に届くのか？（学習課題 No.72・1時間構成）　　　……136

4　まちづくりにかかる費用はどのようにまかなわれているのか？
（学習課題 No.73・1時間構成）　　　……138

5　キッズコメント…自分たちの考えを市長に提案しよう！

（学習課題 No.74・1 時間構成）　　　　　　　　　……140

12 ［現代の国づくり］

1　国の政治はどのように話し合われているのか？（学習課題 No.75・1 時間構成）　……142

2　内閣の働きにはどのような役割があるのか？（学習課題 No.76・1 時間構成）　……144

3　裁判所の働きにはどのような役割があるのか？（学習課題 No.77・1 時間構成）　……146

13 ［私たちの暮らしと日本国憲法］

1　現代の国づくりのもとにあるのは何か？（学習課題 No.78・1 時間構成）　……148

2　国民主権とはどのようなことだろうか？（学習課題 No.79・1 時間構成）　……150

3　基本的人権の尊重はどのように実現しているか？（学習課題 No.80・1 時間構成）……152

4　平和主義はどのように実現しているか？（学習課題 No.81・1 時間構成）　……154

5　日本国憲法の意義をスピーチしよう！（学習課題 No.82・1 時間構成）　……156

14 ［日本とつながりの深い国々］

1　日本とつながりの深い国を探してみよう！（学習課題 No.83・1 時間構成）　……158

2　日本とつながりの深い国を調べてまとめよう！（学習課題 No.84〜86・3 時間構成）……160

3　世界の人とともに生きていくためには？（学習課題 No.87・1 時間構成）　……162

15 ［世界の中の日本］

1　世界にはどんな問題があるのか？（学習課題 No.88・1 時間構成）　……164

2　国際連合はどのような働きをしているのか？（学習課題 No.89・1 時間構成）　……166

3　日本はどのようにかかわっているのか？（学習課題 No.90・1 時間構成）　……168

4　巨額のＯＤＡは本当に必要なのか？（学習課題 No.91・1 時間構成）　……170

5　ユニセフはどのような働きをしているのか？（学習課題 No.92・1 時間構成）　……172

6　2020 年の東京オリンピックにはどんな願いが込められているのか？

（学習課題 No.93・1 時間構成）　　　　　　　　　……174

7　ワンミニッツビデオで平和な世界を訴えよう！（学習課題 No.94・1 時間構成）　……176

おわりに……178

1章 主体的・対話的で深い学びを実現する！社会科授業デザイン

1 社会科での主体的・対話的で深い学びの実現

　本書は小学校6年生の社会科の学習内容の1時間ずつ（内容によっては2時間の場合も）の展開を，「アクティブ・ラーニング」の視点でまとめたものである。2017年3月に公示された新学習指導要領では「主体的・対話的で深い学びの実現に向けた授業改善」として明示されている。それに向けた中教審「審議のまとめ」では「アクティブ・ラーニング」の視点が以下のように整理されている。

【主体的な学び】

　学ぶことに興味や関心を持ち，自己のキャリア形成の方向性と関連付けながら，見通しを持って粘り強く取り組み，自己の学習活動を振り返って次につなげる「主体的な学び」が実現できているか。

【対話的な学び】

　子供同士の協働，教職員や地域の人との対話，先哲の考え方を手掛かりに考えること等を通じ，自己の考えを広げ深める「対話的な学び」が実現できているか。

【深い学び】

　各教科等で習得した概念や考え方を活用した「見方・考え方」を働かせ，問いを見いだして解決したり，自己の考えを形成し表したり，思いを基に構想，創造したりすることに向かう「深い学び」が実現できているか。

　これら三つの視点の実現を目指し，1時間の中に「場」として盛り込んでいる。アクティブ・ラーニングは「〜法」「〜型」といった特定の学習活動や学習スタイルの固定化を目指したものではないし，また視点のそれぞれがきれいに独立するものでもない。ただ本書は，社会科が苦手な先生にも，社会科を得意とする先生にもアクティブ・ラーニングを生み出す授業がどのように展開されるかをわかりやすく説明するために，一つの視点に重きを置く場として表現している。

　また，1時間ずつの構成となっているが，もちろん「単元全体での問題解決」を意識した構

成になっている。各単元の1時間目は，単元を通した「問題」を醸成する時間であり，2時間目は各自が調べる時間を想定している。前述した「審議のまとめ」では，社会科における学習過程のイメージもまた公開され，単元を通しての「課題把握」「課題追究」「課題解決」「新たな課題」といった学習過程が明示されている。したがって，本書でもそういった学習過程を踏まえた上で1時間の授業構成を記した。本書での単元における学習過程はおおよそ以下の形で考えている。

課題把握	●単元を通した課題の設定	・社会的事象，歴史的事象を提示し，「事実認識の比較」や「既習事項とのずれ」から問いを生む。 ・学習問題をどう解決するかの計画を立てる。
課題追究	●各自の調べ学習 ●事実や概念にかかわる知識の習得	・関係施設の訪問，インターネットをつかった調査活動。 ・仲間との協働的な活動・話し合い。 ・事実認識を多面的・多角的に考察し問題解決。
課題解決	●考察・構想したことをまとめる ●新たな課題を見いだす	・歴史新聞作成を通して習得した知識や社会認識を，自分なりの意見をまとめる。表現する。 ・社会的事象について，構想したことを妥当性や効果，実現可能性などを指標に議論し，主張する。

なお，今回本書で取り扱う単元は，「東京書籍」「教育出版」「日本文教出版」「光村図書」の教科書における単元を整理しまとめたものである。

次に，本書における1時間の授業づくりの構成である。

先に述べたように，1時間の中にアクティブ・ラーニングにおける三つの視点を「三つの場」としてまとめた。以下，それぞれの場を説明する。

① 深い学びを生む学習問題（かかわりの場）

社会科の学習にとって，最も大切なものが「問いを生む場」である。深い学びを実現するためには，子供たちが「あれ？　どうしてだろう？」「これは，たぶんこうだからじゃないかな？」といった社会的事象に自らかかわっていく姿をつくり出さねばならない。そのために，「複数の事実の比較」をしたり，「既習事項とのずれ」に気付かせる資料提示と発問が重要になってくる。また，その課題に対して子供たちが自分事の問題として捉えていくために，社会科における「見方・考え方」を働かせるものでなければいけない。この「見方・考え方」も「審議のまとめ」でわかりやすく整理された。

以下，社会科における思考力・判断力を育てる「社会的事象の見方・考え方」である。

・社会的事象を位置や空間的な広がりに着目して捉える。
　例）なぜ，古墳が大和地方に集まっているのだろう。

1章　主体的・対話的で深い学びを実現する！社会科授業デザイン　11

・社会的事象を時期や時間の経過に着目して捉える。

例）農民の暮らしはどのように変わってきたのだろう。

・社会的事象を事象や人々の相互関係に着目して捉える。

例）将軍と御家人にはどのようなつながりがあるのだろう。

このように「空間的に」「時間的に」「関係性的に」事象を見ることで深い学びに向かう「問い」が生まれるのである。

さらに，この「見方・考え方」を通して，

・比較・分類したり，総合したりして，知識を獲得する。

例）大和地方に大きな力をもつ豪族が集まり，大和朝廷を形成していた。

・地域の人々や国民の生活と関連付けたりして，知識を獲得する。

例）室町時代の農村文化が今も私たちの暮らしに残っている。

よって，この「かかわりの場」では具体的な資料やデータを提示し，子供たちが本時の学習問題をつくりあげる場として書いている。

② 対話的な学びを生む協働（つながりの場）

この場は本時の学習問題を提示し，多面的・多角的に考察して，社会的事象の構造を明らかにしていく場である。したがって，この場に書かれている発問が「主発問」となる。この場がよく誤解される「アクティブ・ラーニング的グループ学習」になりがちなのだが，先にも述べたようにアクティブ・ラーニングは「グループ学習」のような型ではない。ここでのポイントは「対話」である。それは，一斉学習でもグループ学習でも生まれるものである。「対話」とは「対になること」，つまり，つながりを生む議論である。それは，子供たちが教師，仲間，取材先の方々，書物などに現れた先哲の知恵とつながり，自己の考えを広げるということである。このつながりの中で「社会的な見方・考え方」で物事を捉えることで，多面的，多角的な考察をしていくことが大切となる。 例えば，「織田信長がなぜ短期間で領土を広げることができたのか？」という学習問題に対して，ある子は「信長と鉄砲の関係性に問いをもち考える」，ある子は「信長の領地は京都に近いという空間的な問いをもち考える」，ある子は「信長は楽市楽座などで経済力を強めていったという時間的な問いをもち考える」といった見方・考え方が，授業という場でつながり始め，信長の天下統一という社会的事象を「多面的」に捉え，考察するのである。そうすることで天下統一の構造が明らかになり，授業という協働の場ができあがるのだ。また，同じように，子供たちの見方・考え方がつながりだし，江戸時代を大名の立場で，町人の立場で，百姓の立場で捉えたときには，「多角的」な考察になる。

いずれにせよ，この「つながりの場」では，様々な学習形態が考えられる。授業の中で調べ

る時間を設定したり，あらかじめ学習問題を子供たちに伝え，家での学習との往復を設定してもよい。ジグソー学習の要素を取り入れてもよいだろう。しかし，ここで重要なのは，社会的事象を多面的・多角的に構造化することである。本書は，どのような視点で分類していくかを各時間ごとに例示している。参考にしていただきたい。

③　次時へ見通しをもつ主体的な学び（創り出す場）

　1時間の学びのまとめの場である。ここでは，問題解決の見通しをもって取り組んできた子供たちが，一様の納得を生み，その上で学習を振り返る場である。振り返るに当たり，より子供たちが主体的に考えられるように実社会や実生活，自己に結び付けた発問をする。そうすることで，次時へ見通しがもてるように発問を設定している。

　この場を「創り出す」としているのは，社会科における「思考力，判断力，表現力等の育成」において，「考察する力」の他に「構想する力」の育成が記述されたことを受けている。また，考察，構想したことを「説明する力」，「議論する力」も提示された。つまり，社会的事象の意味を多面的・多角的に考えるだけではなく，社会に見られる課題を把握して，解決に向けて学習したことをもとに社会へのかかわり方を選択・判断する力が求められているのだ。そこで，「創り出す場」では，学んだことを自分事として捉えたり，当事者の気持ちになって考えたりし，自分の考えを構想することを行い，それを教師が評価する場として設定した。それぞれの時間に「模範解答」も記しているが，もちろんこれが正解ではない。ただ，よく授業で見られるような最後の5分間で授業の「振り返り」をノートに書き，そこに偶然書かれたことの善し悪しで評価をするのではなく，解決に向けて学んだことをもとにしているか，その妥当性や効果，実現可能性などを読み取り，評価することが重要である。

　「審議のまとめ」では「社会の形成者として主体的に参画しようとする資質・能力」という文言があり，これは社会科にとっては切り離せない問題である。自分自身と社会を結び付けて考え，構想することを積み上げていくことで，よりよい社会を考え，学んだことを社会生活に生かそうとする態度を育成することができると考える。

板書構成について

　本書の特徴の一つとして，毎時間の板書例を掲載させてもらった。もちろん私が実際に書いたものである。近年，ICTが教育現場に浸透し始め，教室に大型テレビ，実物投影機，ノートパソコン，教師や子供たちの手にはタブレット端末…という環境が珍しくなくなった。社会科は教材が命であり，大型の画面で問いを生み出す資料を提示することは極めて効果的である。私自身も，毎時間たくさんの資料を子供たちに提示しながら授業を進めている。このような授業を進めていくと，板書することがおろそかになってしまう場合がある。ともすると，大型画面に映した資料やデジタル教科書だけで授業が成立してしまうことさえある。しかし，これで

1章　主体的・対話的で深い学びを実現する！社会科授業デザイン　13

は子供たちに主体的・対話的で深い学びを生み出すことはできないだろう。なぜなら，板書にはＩＣＴ機器には代わることのできない役割があるからである。それは，社会科の本質である，「見えないものを表現する場」であるからだ。社会科は社会的事象の意味を見いだす学習である。それは見えないものであり，それを明らかにするために，事実をもとに調べ，考え，多面的に多角的にその構造を明らかにしていくのである。それが，１時間の授業の中で子供たちの思考と同期しながら進んでいくのが板書である。したがって，授業の最後には事象の意味が見えるようになっている。それが板書の役割である。また板書例を授業前に考えることは，授業者自身がその時間で扱う社会的事象の意味を構造化することができ，相互関係やつながりを表すことで概念的知識に変換していくことができるのである。以下は私自身が板書で心がけている構造化の基本構成である。参考にしていただきたい。

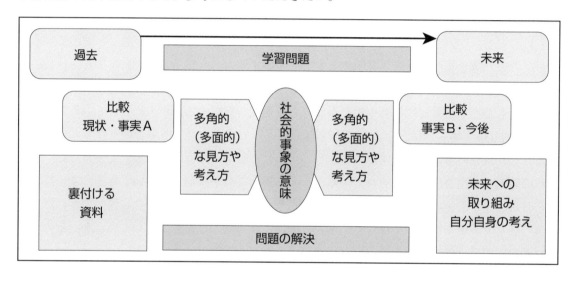

ＩＣＴの活用について

　授業構成案の中に，「ＩＣＴの活用」についてのメモも入れている。昨今ＩＣＴ機器の性能が格段と向上しており，授業の中で活用できる場面が増えている。全てＩＣＴをつかって授業をするということではなく，授業の要所で効果的に効率的につかえることが重要である。ＩＣＴの活用については，以下のようなものが考えられる。

・大型モニターに資料やグラフを提示。
・プレゼンソフトなどをつかい，アニメーション表示。
・実物投影機をつかってノートなどを提示。
・デジタル教科書やネットコンテンツによる動画視聴。
・タブレット端末を活用した集中管理。
・Google Earth などを活用した地域の俯瞰提示。

単元のまとめについて

　単元の最後にはまとめの時間を位置付けている。今回は6年生社会科ということで，歴史単元では「歴史新聞づくり」を取り上げた。また，政治単元ではプレゼンテーションなどの表現活動を取り上げている。この表現活動には以下のような意味がある。

・考察したことや構想したことをまとめる。
・学習過程を振り返り，結論をまとめる。
・相手意識をもって，他の児童と議論できるようにまとめる。
・自分の調べ方や学び方を振り返る。
・学習の成果を他者に伝える。
・新たな課題を見いだす。

といったものである。これらは「思考力，判断力，表現力等」を育成するものであり，中でも，主旨が明確になるように内容を考え，社会的事象について自分の考えを論理的に説明できるといった「考察したこと，構想したことを説明する力」や他者の主張を取り入れたり，自分の考えを再構成しながら，社会的事象に対する自分の考えを主張するといった「考察したこと，構想したことをもとに議論する力」を育てていく。

　本書では，表現活動を通して，身に付けてほしい「社会的な見方・考え方」を単元の内容に合わせて評価項目を設定している。

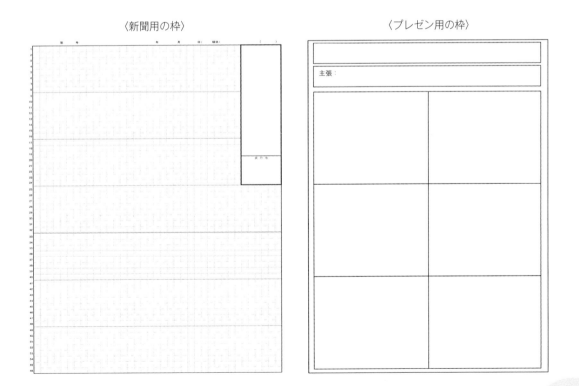

〈新聞用の枠〉　　　〈プレゼン用の枠〉

2　本書の読み方

【板書】
　1時間の授業における板書例。子供たちの意見を位置付けていきながら、その時間の問題を解決し、社会的事象の構造がわかるようなレイアウトで書いています。思考の見える化的意味をもっています。

【取り扱う単元】
　小学校社会科を取り扱う教科書会社「東京書籍」「教育出版」「日本文教出版」「光村図書」を総合的に見て、書かせていただいています。

1 ［縄文から古墳へ］
2　縄文時代はどのような生活だったのか？
(学習課題No.02・1時間構成)

❶深い学びを生む学習問題　❷対話的な学びを生む協働　❸次時へ見通しをもつ主体的な学び

アクティブ・ラーニング的学習展開

❶ 深い学びを生む学習問題（かかわる）
　発問：縄文時代の想像図からわかることは？

【深い学びを生む学習問題】
　授業の導入場面。子供たちに問いが生まれるように資料を提示し、そこから本時で取り上げる「学習問題」をつくっていきます。社会科における「見方・考え方」を引き出しながら教材にかかわり、つくることがポイントです。ここをスタートとして問題解決の学習過程をつくります。

ICT…多くの出土品をテレビ画面に提示し、イメージをもたせる。

　社会科は教科書などのイラストをもとに学ぶことが多い。しかし子供たちは絵から学ぶことに対して真偽を疑うことがある。したがって、教科書などのイラストで学ぶ場合はそのイラストの資料となった歴史資料を提示し、それらをわかりやすくまとめたものであることを伝えることが必要である。左図は縄文時代のイラストだが、これは縄文時代の代表的な遺跡である「三内丸山遺跡（青森県）」の発掘調査などをもとに描かれている。つまり、この絵の中には発掘や研究で明らかになったことが詰め込まれており、それを見つけていく目を育てていくことが重要だ。ここでは、縄文時代の挿絵から当時の生活の衣食住を調べよう！といった学習課題をもたせ、調べさせたい。

【資料】
　私自身が現地で撮影したものや教材研究の中で見つけたものをつかっています。欲しい資料がありましたら私までお問い合わせください。

【ＩＣＴの活用】
　本時の学習の中で、効果的・効率的に活用できる場面を簡単に提示しました。子供たちの関心意欲を高める上で、ぜひ活用してほしいものです。

【本時のねらい】

この時間で育成したい資質・能力です。「知識及び技能」「思考力, 判断力, 表現力等」「主体的に学習に取り組む態度」をもとに作成しています。

【対話的な学びを生む協働】

子供たちが見方・考え方をつかってつくり出した「学習問題」を協働して解決していく場面です。事象のいろいろな側面を見る「多面的な考察」と, 事象を立場を変えて様々な角度で見る「多角的な思考」をして, 事象の構造化を図る場面です。一斉学習, グループ学習にとらわれず, 子供たちの対話でできるつながりを構造化していきます。

本時のねらい
【思考力, 判断力, 表現力等】三内丸山遺跡や出土品などから縄文時代の人々の暮らしの様子について想像し, 調べて, 考えることができる。

❷ 対話的な学びを生む協働（つながる）
発問：縄文時代の衣食住を調べよう。

衣	食	住など
・動物の皮 ・石や木, 骨などで生活のための道具 ・植物の繊維で糸⇒布	・木の実採集, 貯蔵 ・狩り, 漁, 植物栽培 ・土器で煮炊き ・木の実や魚を干す	・竪穴住居 ・貯蔵庫, 貝塚 ・墓, 舟⇒交易 ・土偶, 物見やぐら
針 	縄文土器 	貝塚
・縄文時代は, 動物の皮をはぐようなナイフがあったようだ ・針と糸で服をつくっていた	・季節ごとに食料が変化 ・土器で食料を煮たり保存したりした ・狩りの道具を製作	・集団で生活していた ・墓や土偶から信仰みたいなものがあった ・他地域と交流

縄文時代の想像画や遺跡の出土品から, 当時の生活を想像させたい。

縄文時代は, 現在では1万6500年前から2400年前までの約1万4000年続いていたことがわかっている。人々は竪穴住居に住み, 人々と協力しながら野山の動物や木の実, 山菜, 魚介類などを手に入れ集団生活を行っていた。これらを支えていたのが煮炊きや貯蔵ができる土器であり, この土器の発明が人々の生活を支えていた。

❸ 次時へ見通しをもつ主体的な学び（創り出す）
発問：土偶は何のためにつくられたのか。

土偶の製作理由は定かではない。ここでは, 縄文時代の生活を学んだ上で, 考古学者になったつもりで子供たちに土偶から当時の生活を想像させたい。

評価　評価は以下の場面で考えられる
・❷の協働場面での評価…縄文時代の衣食住について多面的に考えているか。
・❸の場面での評価

【模範解答例】縄文時代は, まだ病気やけがなどで命を失う人が多かったから, お祈りするための道具としてつかっていたのではないか。

【評価】

主に❸の場面で書いたことの評価を模範解答例として載せました。子供たちなりの見方・考え方が本時の授業をもとに表現されているかが評価のポイントです。

【次時へ見通しをもつ主体的な学び】

社会科における「構想する力」を育成する場です。学んだことを自分事として捉えたり, 当事者の気持ちになって考えたりし, 自分の考えを構想し, 表現します。課題を把握して, 解決に向けて学習したことをもとに社会へのかかわり方を選択・判断する力が重要です。その過程の中で次時への新たな課題を見いだしていきます。ノートに記入して, 発言することが理想です。

1章　主体的・対話的で深い学びを実現する！社会科授業デザイン

2章
主体的・対話的で深い学びを実現する！
社会科授業づくりの教科書　板書＆展開プラン

1　[縄文から古墳へ]

1　昔のことがどうしてわかるのか？

(学習課題No.01・1時間構成)

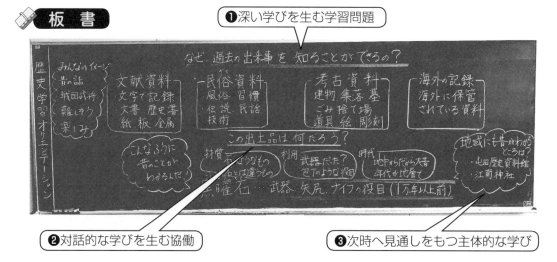

アクティブ・ラーニング的学習展開

❶　深い学びを生む学習問題（かかわる）
発問：なぜ過去の出来事を知ることができるのか？

　6年生の社会科では，これまでの社会的事象を学ぶ中で，特に，歴史的事象を学ぶことが中心となる。歴史の学習に取り組むということは，我が国の歴史の進展に大きな影響を与えた各時代の代表的な歴史的事象を学ぶということになる。これまでは，実際にある事実を認識し，社会的事象の意味を学んできたが，6年生では「時間的な見方や考え方」を強く養うことになる。子供たちにとっては，歴史は現実世界にないものであり，事実認識を形成することは難しい。そこで，まず子供たちには，「なぜ，過去の出来事を知ることができるのか？」という課題を提示し，歴史学習に向き合わせたい。

　歴史は，このような事実から，過去の世界を見いだし，そこから我が国の特徴を学ぶことであることを理解させたい。

文献資料	民俗資料	考古資料	海外の記録
・文字で記録 ・文書，歴史書 ・紙，板，金属	・風俗，習慣 ・伝説，民話 ・技術	・建物，集落，墓，ごみ捨て場 ・道具，絵，彫刻	・海外に保管されている資料

本時のねらい

【主体的に学習に取り組む態度】歴史がどのような資料で調べられてきたかを知り，これから始まる歴史学習に関心をもつ。また，黒曜石の観察を通して，歴史的な見方や考え方の視点をもつことができる。

❷ 対話的な学びを生む協働（つながる）

発問：次の出土したものの写真は何だろう？

何に使われていたか？	何でできているか？	いつ頃のものか？
・武器だったのでは ・包丁のような役目	・石のようなもの ・石とは違うもの	・地中から見つかった ・材質で年代がわかる

写真は縄文時代の遺跡として多く出土する「黒曜石」である。ガラスとよく似たもので鋭く割れる特徴がある。縄文時代には獲物をとるための武器や矢尻に使われたり，動物の皮をはぐナイフのような役目を果たした。産地は特定の場所であり，この出土によって他地域との流通を予測することができる。

❸ 次時へ見通しをもつ主体的な学び（創り出す）

発問：私たちの地域にある「昔」がわかるところは？

> ICT…地域にある歴史的建造物などの画像を提示し，共有する。

歴史が多くの資料から調べられていることがわかったところで，自分たちの周りにあるものを探してみたい。身近な歴史を知ることから歴史への興味関心を深める。

評価　評価は以下の場面で考えられる

・②の協働場面での評価…複数の視点で考えることができているか。
・身の回りにある歴史的建造物や資料などを探すことができたか。

1 ［縄文から古墳へ］

2 縄文時代はどのような生活だったのか？

(学習課題No.02・1時間構成)

❶深い学びを生む学習問題
❷対話的な学びを生む協働
❸次時へ見通しをもつ主体的な学び

アクティブ・ラーニング的学習展開

❶ 深い学びを生む学習問題（かかわる）
発問：縄文時代の想像図からわかることは？

ICT…多くの出土品をテレビ画面に提示し，イメージをもたせる。

　社会科は教科書などのイラストをもとに学ぶことが多い。しかし子供たちは絵から学ぶことに対して真偽を疑うことがある。したがって，教科書などのイラストで学ぶ場合はそのイラストの資料となった歴史資料を提示し，それらをわかりやすくまとめたものであることを伝えることが必要である。左図は縄文時代のイラストだが，これは縄文時代の代表的な遺跡である「三内丸山遺跡（青森県）」の発掘調査などをもとに描かれている。つまり，この絵の中には発掘や研究で明らかになったことが詰め込まれており，それを見つけていく目を育てていくことが重要だ。ここでは，<u>縄文時代の挿絵から当時の生活の衣食住を調べよう！</u>といった学習課題をもたせ，調べさせたい。

本時のねらい

【思考力，判断力，表現力等】三内丸山遺跡や出土品などから縄文時代の人々の暮らしの様子について想像し，調べて，考えることができる。

❷ 対話的な学びを生む協働（つながる）

発問：縄文時代の衣食住を調べよう。

衣	食	住など
・動物の皮 ・石や木，骨などで生活のための道具 ・植物の繊維で糸⇒布	・木の実採集，貯蔵 ・狩り，漁　・植物栽培 ・土器で煮炊き ・木の実や魚を干す	・竪穴住居 ・貯蔵庫　・貝塚 ・墓　　・舟⇒交易 ・土偶，物見やぐら
針	縄文土器	貝塚
・縄文時代は，動物の皮をはぐようなナイフがあったようだ ・針と糸で服をつくっていた	・季節ごとに食料が変化 ・土器で食料を煮たり保存したりした ・狩りの道具を製作	・集団で生活していた ・墓や土偶から信仰みたいなものがあった ・他地域と交流

縄文時代の想像画や遺跡の出土品から，当時の生活を想像させたい。

縄文時代は，現在では1万6500年前から2400年前までの約1万4000年続いていたことがわかっている。人々は竪穴住居に住み，人々と協力しながら野山の動物や木の実，山菜，魚介類などを手に入れ集団生活を行っていた。これらを支えていたのが煮炊きや貯蔵ができる土器であり，この土器の発明が人々の生活を支えていた。

❸ 次時へ見通しをもつ主体的な学び（創り出す）

発問：土偶は何のためにつくられたのか。

土偶の製作理由は定かではない。ここでは，縄文時代の生活を学んだ上で，考古学者になったつもりで子供たちに土偶から当時の生活を想像させたい。

 評　価　評価は以下の場面で考えられる

・❷の協働場面での評価…縄文時代の衣食住について多面的に考えているか。
・❸の場面での評価

【模範解答例】縄文時代は，まだ病気やけがなどで命を失う人が多かったから，お祈りするための道具としてつかっていたのではないか。

1 [縄文から古墳へ]

3 弥生時代はどのような生活だったのか？

(学習課題№03・1時間構成)

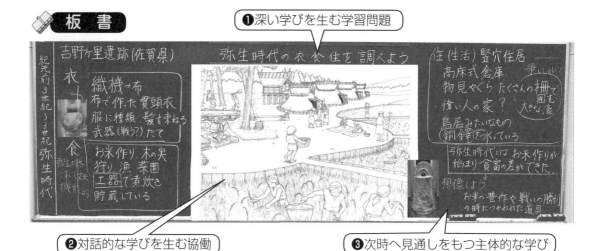

❶深い学びを生む学習問題
❷対話的な学びを生む協働
❸次時へ見通しをもつ主体的な学び

アクティブ・ラーニング的学習展開

❶ 深い学びを生む学習問題（かかわる）
発問：弥生時代の想像図からわかることは？

ICT…多くの出土品をテレビ画面に提示し，イメージをもたせる。

　弥生時代も縄文時代と同様に，イラストをもとに学ぶようにする。この場合，縄文時代と比較しながら読み取ることで時代の変化を見いだす活動にしたい。左図は弥生時代のイラストであり，これは弥生時代の代表的な遺跡である「吉野ヶ里遺跡（佐賀県）」の発掘調査などをもとに描かれている。吉野ヶ里遺跡は弥生時代後期遺構で二重の堀で囲まれた環濠集落で，防御を意識した集落が特徴である。弥生時代最大の特徴といえば稲作であるが，最古の稲作跡として「板付遺跡（福岡県）」，また水田跡の先駆けとなった「登呂遺跡（静岡県）」なども取り上げたい。ここでは，<u>弥生時代の挿絵から当時の生活の衣食住を調べよう！</u>といった学習課題をもたせ，調べていく。

22

本時のねらい

【思考力，判断力，表現力等】吉野ヶ里遺跡や出土品などから弥生時代の人々の暮らしの様子について想像し，調べて，考えることができる。

❷ 対話的な学びを生む協働（つながる）

発問：弥生時代の衣食住を調べよう。

衣	食	住など
・織機 ・布でつくった貫頭衣 ・種類が違う服 ・髪を束ねる　・武器	・米づくり，木の実採集 ・狩り，漁，菜園 ・土器で煮炊き ・食料の貯蔵	・竪穴住居 ・高床式倉庫 ・物見やぐら，柵 ・指導者の家
銅剣	弥生土器	指導者の家
・弥生時代は，武器を身につけている ・戦いがあったのか	・縄文に比べると薄く，種類が多い ・米の貯蔵	・偉い人物がいた ・柵や堀があるのはムラを守るため

弥生時代の想像画や遺跡の出土品から，当時の生活を想像させたい。

弥生時代は，諸説あるが，紀元前3世紀中頃から紀元後3世紀中頃までの時代である。縄文時代との比較が重要で，特に稲作が始まったことや，集団生活の規模が大きくなり，柵や堀で囲まれるようになったこと，また，指導者のような立場の人が現れたことを理解することが重要である。指導者は稲作の知識をもつ者であったり，米の貯蔵による貧富の差から生まれた者だと考えられる。

❸ 次時へ見通しをもつ主体的な学び（創り出す）

発問：銅鐸は何のためにつくられたのか。

銅鐸は弥生時代に製造された釣鐘型の青銅器である。ここでは，弥生時代の生活を学んだ上で，考古学者になったつもりで子供たちに銅鐸から当時の生活を想像させたい。

評価　評価は以下の場面で考えられる

・❷の協働場面での評価…弥生時代の衣食住について多面的に考えているか。
・❸の場面での評価

【模範解答例】弥生時代は，稲作が始まったり，戦いが起きたりしたようなので，豊作や勝利を願うお祭りが行われていたのではないかと思う。

1 [縄文から古墳へ]

4 米づくりによって、暮らしはどのように変わったか？
（学習課題No.04・1時間構成）

❶深い学びを生む学習問題

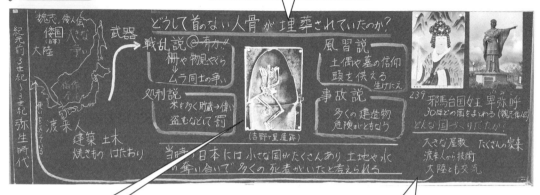

❷対話的な学びを生む協働　　❸次時へ見通しをもつ主体的な学び

アクティブ・ラーニング的学習展開

❶ 深い学びを生む学習問題（かかわる）
発問：発掘されたかめ棺からわかることは？

ICT…首なし人骨はマスキングし、足の部分から見せていくと効果的である。

写真は吉野ヶ里遺跡で発掘されたかめ棺である。吉野ヶ里

遺跡では、2500基以上のかめ棺と300体ほどの人骨が発見されている。その中には、腹部に12本の矢尻が刺さった人骨や頭部がない人骨が見つかっている。中国の歴史書「魏志」の倭人伝には、倭国（日本列島にあった政治勢力に対する中国の呼び名）では、2世紀末に大きな争いがあったことが記録されている。このことと関連する人骨と考えることが現在では有力視されている。

ここでは、子供たちに「どうして首のない人骨が埋葬されているのだろう？」と学習問題を提示する。子供たちが、弥生時代の様子を考えて、それぞれにその理由を考えさせたい。この頃の時代は、限りある資料・遺跡の中から想像されている時代背景であることから、正答を求めるのではなく子供たちの見方・考え方を評価するのである。

本時のねらい

【知識及び技能】首のない人骨，環濠や武器などの遺跡から弥生時代の人々の間で徐々に争いごとが始まっていたことを想像し，ムラから王が治めるクニが生まれたことを理解する。

❷ 対話的な学びを生む協働（つながる）

発問：どうして首のない人骨が埋葬されていたのか？

戦乱	処刑	風習	事故
・柵があったり，敵を監視する高い塔があるから ⇒ムラ同士の争いが絶えなかった	・米が重要視され，たくさん貯蔵している人が偉い ⇒米を盗むなどしたものが罰を受ける	・縄文の頃から土偶や墓など，信仰がある ⇒頭だけを神に供えるなどの習わしがあった	・村の中に建築物が数多くあり，また外には堀や柵 ⇒危険が伴う工事が数多くあった

　縄文時代の集落は稲作の伝来で徐々に大きくなり，ムラを形成していったと考えられている。水田を形成したり，用水路を形成したりといったものもまた中国や朝鮮から来た渡来人によって伝えられた土木技術であった。渡来人は，日本に多くのものを伝えたと考えられ，建築や焼き物技術，養蚕やはたおりの技術，鉄器や青銅器があった。このような進んだ技術のもと，ムラには指導者が現れ，ムラは次第に大きくなっていく。大きくなったムラでは，米や，用水，進んだ技術などをめぐって争いが起こり，勝ったムラの指導者は，他のムラを支配し豪族となっていったと考えられている。争いがあったことの根拠としては，ムラが高地に形成されていたり，柵や堀をめぐらせていた形跡が見つかっていることや，出土品に大型の石の矢尻や金属製の武器，武器の破片が刺さった人骨が多くの遺跡から発見されていることから推測できる。中国の歴史書には，この頃に日本では大きな戦争があったことや，邪馬台国の女王卑弥呼の存在が記されている。

❸ 次時へ見通しをもつ主体的な学び（創り出す）

発問：邪馬台国の卑弥呼はどのような国づくりをしていたのか。

　ムラからクニ（小国）が乱立していた時代に30ほどのクニを従えた卑弥呼がどのような政治を行っていたのかを学んだことから想像させる。

評価　評価は以下の場面で考えられる

・❷の協働場面での評価…首のない理由を多面的に考えているか。

・❸の場面での評価

【模範解答例】卑弥呼は大きな屋敷に住み，たくさんの家来がいたと思う。いろんな技術を独り占めし，中国や朝鮮とも交流するぐらいの力をもっていた。

1 [縄文から古墳へ]

5 どうして古墳がつくられたのか？

(学習課題No.05・1時間構成)

板書

❶深い学びを生む学習問題
❷対話的な学びを生む協働
❸次時へ見通しをもつ主体的な学び

アクティブ・ラーニング的学習展開

❶ 深い学びを生む学習問題（かかわる）

発問：この大きな森？は何だろう？

> ICT…古墳画像を切り取り，自校の校区地図に貼り付けて提示。

写真は大仙（仁徳陵）古墳を校区に貼り付けて提示したものである。十分にその大きさを実感したところで，古墳が何かを考えさせる。一見すると，単なる山か森のようであるが，堀のようなもので囲まれていたり，幾何学的な形から自然のものではないことに子供たちも気付いていくはずである。現在も，入り口が鳥居などでまつられていることや，つくられた当時の様子がわかる復元古墳を提示することで，これが「お墓」であることを伝える。教科書によると，人の力だけでつくるとすると，15年8カ月，のべ680万7000人，費用796億円という規模である。子供たちに，<u>なぜこのような墓をつくることができたのか？</u>を考えさせたい。

本時のねらい

【知識及び技能】大仙古墳の写真，古墳を築いている様子の想像図，出土品から，その目的や王や豪族たちが巨大な権力をもち，国家を形成していったことを理解する。

❷ 対話的な学びを生む協働（つながる）

発問：どうしてこのような巨大な墓をつくることができたのか？

権力	労働力	土木技術
・大きな墓は卑弥呼のようなクニの指導者の墓であり，大きさがその権力を表すようになった	・たくさんの国民を働かせなければいけないので，相当な力をもった人物がいた ・それだけ，国民がいたということ	・巨大な古墳をつくる土木技術が中国や朝鮮から伝わっていた

巨大古墳をつくることができた背景を多面的に考えていく。そこから，当時の大王（おおきみ）がどれほどの力をもっていたかを想像させたい。古墳には大量の石が敷き詰められ，多くの埴輪が並んでいたと考えられている。埴輪は円筒形のものや家，人物，動物などをかたどったものが多く，当時の人々の生活を知る手がかりにもなっている。大仙古墳では約30000本の埴輪が並んでいたと考えられ，その製造費は60億5千万円にもなる。また内部には，権力者の遺体を葬る「石室」がつくられ，そこからは銅鏡や黄金の冠，剣や兜が見つかっている。これらの出土品からも当時の王の権力の強さがうかがえる。

❸ 次時へ見通しをもつ主体的な学び（創り出す）

発問：想像図の古墳をつくる人々はどのような気持ちで作業をしていたのだろうか。

当時の王の権力を理解した上で，人々の気持ちを考えることが重要である。

 評価は以下の場面で考えられる

・❷の協働場面での評価…古墳ができた理由を多面的に考えているか。
・❸の場面での評価

【模範解答例】大王さまが安心して眠るためにすばらしい古墳をつくろう。大王さまが寂しくないようにたくさんの埴輪をつくってあげよう。

1 ［縄文から古墳へ］

6　クニはどのようにまとまっていったのだろうか？

(学習課題№06・1時間構成)

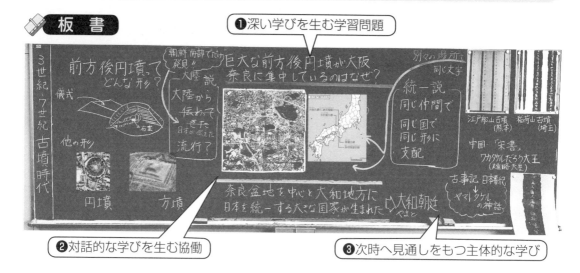

❶深い学びを生む学習問題
❷対話的な学びを生む協働
❸次時へ見通しをもつ主体的な学び

アクティブ・ラーニング的学習展開

❶　深い学びを生む学習問題（かかわる）
発問：前方後円墳ってどんな形？

ICT…いろいろな古墳の形を提示し，前方後円墳を特色付ける。

写真はそれぞれ古墳であるが，形が違う。左が四角い形をした方墳（龍角寺岩屋古墳・千葉県），中央が丸い形をした円墳（八幡山古墳・愛知県），そして右がそれが組み合わさったような形である前方後円墳（大仙古墳・大阪府）である。中でも特に特徴的なのは「前方後円墳」である。大王の石室は後円部に埋葬されており，前方部は儀式を行う場所で，葬儀や後継者が権威を受け継ぐ場所であったと考えられている。このような前方後円墳は巨大であるものが多く，左の写真にあるように大阪（河内）や奈良（大和）に数多く見られる。そこで，子供たちにこのような<u>特殊な形である巨大な前方後円墳がなぜ大阪・奈良に数多く存在するのか？</u>を考えさせる。

本時のねらい

【思考力，判断力，表現力等】巨大な前方後円墳が奈良に集中していることから，当時，大きな力をもった豪族が大和地方にいたことと関連付けて考えることができる。

❷ 対話的な学びを生む協働（つながる）

発問：巨大な前方後円墳が大阪・奈良に集中しているのはなぜ？

大陸から伝わった	仲間同士が同じ形
・前方後円墳という形が中国や朝鮮から伝わってきたのではないか？ ・流行となった	・同じ仲間同士で決めた形 ・同じ国で同じ形にする風潮があったのでは？

当時の時代背景を考えながら子供たちに自由に考えさせたい。おそらく上記のような見方・考え方が出てくると考えられる。そこで，検証の意味でまず上記の前方後円墳の全国的分布を提示する。ここで子供たちから「流行のようなものでここまで広がるだろうか？」「この形でつくりなさいという強い力があったのでは？」という考えを価値付けていく。その納得を生むために，最後にワカタケルの鉄剣を提示する。この鉄剣には「ワカタケル」と読める文字が刻まれているのだが，一方は熊本県江田船山古墳で，もう一方は埼玉県稲荷山古墳で出土している。

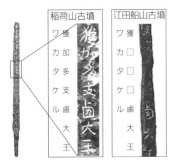

また中国の歴史書「宋書」には，ワカタケルと思われる大王（雄略天皇）が大和地方に大きな国家を築いていたことが書かれている。つまり，当時は大和地方に大きな権力があり，その力は前方後円墳という形で全国に広がっていったと考えられる。すなわち大和朝廷である。

❸ 次時へ見通しをもつ主体的な学び（創り出す）

発問：「ヤマトタケルノミコト」の神話から見える当時の日本は？

8世紀ごろ，「古事記」や「日本書紀」といった書物が天皇の命令でつくられている。そこには，「ヤマトタケルノミコト」といった皇子が多くの敵と戦い，全国を征服し，最後は白鳥になって都に帰るといった神話が数多く書かれている。

 評価は以下の場面で考えられる

・❸の場面での評価 【模範解答例】ヤマトタケルが西へ東へ行って各地の豪族を倒した話からは，当時の大王が相当の権力をもち，地方の国を従えていったことがうかがえる。大和地方を中心に国づくりを進めていったことが考えられる。

1 ［縄文から古墳へ］

7　縄文から大和朝廷までをまとめよう！

（学習課題No.07・1時間構成）

本時のねらい

○単元を通して学んだ縄文から古墳時代までの日本の成り立ちを，クニの誕生や大陸から
伝わったもの，指導者の権力といった多面的な視点で捉え，比較・分類・総合しながら，
新聞に書き表すことができる。

　学習のまとめとして，「新聞製作」を行う。ここでは，縄文からの国の成り立ちを多面的に
整理し，まとめていきたい。資料を調べ，当時の社会を想像し，自分の考えを表現できるよう
にする。

アクティブ・ラーニング的記事作成

社会的な見方や考え方

ICT…歴史的文化財の資料が多く
残っているので，著作権などを調
べて上手につかわせたい。

【空間的な見方・考え方】
・当時の様子がわかる遺跡の位置や前方後円墳の広
　がりなどを地図で調べ，国ができあがっていった成り立ちを調べている。

【時間的な見方・考え方】
・縄文時代，弥生時代，古墳時代の期間を調べ，年表などを作成しながら，それぞれの時代の
　変化についてまとめている。

【相互関係に着目】
・人々と指導者の関係，日本と大陸の関係などを関係付けて，国の成り立ちを考え，理解して
　いる。

【社会的事象を比較・分類・総合】
・縄文時代，弥生時代，古墳時代に見られる土器や建造物などの道具などを分類し，それぞれ
　の時代の変化を国の成り立ちと関連させ，総合的にまとめることができる。

【現代と結び付ける見方・考え方】
・身近な地域にある史跡や博物館を取材し，当時の社会の様子を想像し，考えることができる。

評　価

　新聞でのまとめ活動は，ただ教科書や資料集にあることを写し書きして，カラフルにまとめ，
見栄えがよいものが高評価されることがあるが，ここでは上記の見方や考え方でまとめている
かどうかを新聞の内容から評価することが重要である。

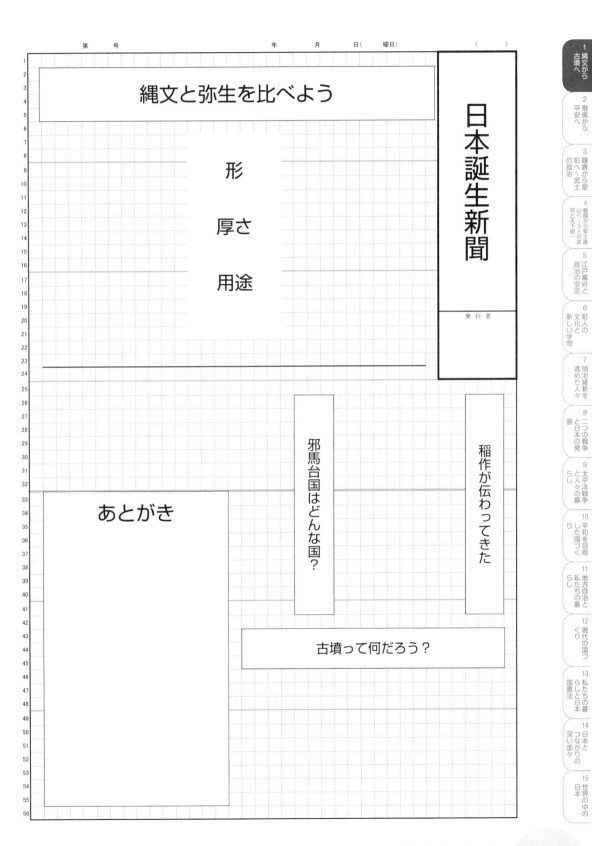

2 [飛鳥から平安へ]

1　天皇中心の国づくりはどのように始まったのか？

（学習課題№08〜09・2時間構成）

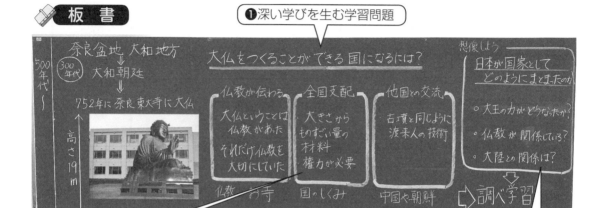

❶深い学びを生む学習問題
❷対話的な学びを生む協働
❸次時へ見通しをもつ主体的な学び

アクティブ・ラーニング的学習展開

❶　深い学びを生む学習問題（かかわる）
発問：大仏をつくることができたのはなぜ？

ICT…校舎と大仏を比較し，その大きさを実感する。

右の写真は，言わずと知れた「奈良の大仏」である。8世紀中頃に建造された東大寺の大仏は高さ19mもある巨大な建造物である。

全単元で学んだ「大和朝廷」は，大王を中心とした大和地方の有力豪族たちの連合政権であり，九州から関東地方の豪族を従えていたといわれる。しかし，あくまでも連合政権であり，政治的な中心人物が存在していたわけではない。国としても，中国の皇帝から見れば周辺の国々の一つであり，「倭王」という称号を与えた服属国の一つであった。それが8世紀になると，このような巨大な大仏が建造されるようになる。

古墳とは違い，多くの材料や技術を要する大仏をつくることができるようになったのはなぜか？　その背景を子供たちに考えさせ，この単元の学習問題としていくとよい。

本時のねらい

【主体的学習に取り組む態度】大仏建立の事実から，日本がどのように国家を形成していったかを複数の視点で想像することができる。また，課題をもって解決に向けて学習計画を立てることができる。

❷ 対話的な学びを生む協働（つながる）

発問：大仏をつくることができるような国になるには？

仏教が伝わる	全国を支配	他の国との交流
・大仏ということは，仏教が日本に入ってきていなければならない？ ・仏教を大切にしている	・大きさや材料などから国中で協力してつくる権力があったはず ・国としてのきまりができたはず	・多くの渡来人によって技術や文化が日本に入ってきたはず
⬇	⬇	⬇
○仏教の伝来 ○建造された寺	○国の仕組み ○地方の支配	○中国や朝鮮との関係

本単元では，日本がどのようにして中央集権的にまとまっていったかを学ぶ。ここでは大仏建立の事実を提示し，仏教伝来，支配体制，大陸の影響といった国づくりの視点を見つけ，調べ活動につなげていきたい。

❸ 次時へ見通しをもつ主体的な学び（創り出す）

発問：日本が国家としてどのようにまとまっていったのか？

飛鳥時代から平安時代にかけて，日本が天皇を中心とした中央集権国家にどのようにまとまっていったのかを，視点に沿って学習計画を立てる。

評　価　　評価は以下の場面で考えられる

・❷の協働場面での評価…国家の形成について多面的に考えているか。

・❸での計画を評価

【模範解答例】平安時代までの間に天皇がどのように力を付けていったのかを調べたいです。／仏教が国にどのような影響を与えたのかを調べたいです。

・調べ学習の評価…教科書や資料集をつかって，課題を解決することができているか。

2章　主体的・対話的で深い学びを実現する！社会科授業づくりの教科書　板書＆展開プラン　33

2 [飛鳥から平安へ]

2　聖徳太子が目指した政治は？

(学習課題No.10・1時間構成)

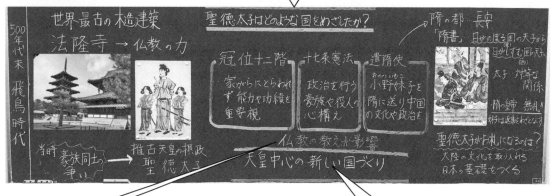

❶ 深い学びを生む学習問題
❷ 対話的な学びを生む協働
❸ 次時へ見通しをもつ主体的な学び

アクティブ・ラーニング的学習展開

❶ 深い学びを生む学習問題（かかわる）

発問：世界最古の木造建築…法隆寺が意味するものは？

　　8世紀頃につくられた「古事記」や「日本書紀」には大和朝廷が日本各地に使者を送り、日本の各地を統一していった話が数多く載っている。「ヤマトタケル」の話もその一つである。このように国としての日本の形ができあがったわけだが、その後も、幾度となく、豪族同士の争い（大伴氏、物部氏、蘇我氏）があった。この争いを制し、国の中心となっていったのが、推古天皇（第33代天皇）、蘇我馬子（蘇我入鹿の祖父）、聖徳太子（用明天皇の子・推古天皇の摂政）であった。中でも聖徳太子が朝廷の中心となって国づくりを進めていく。聖徳太子がどのような国づくりを進めたかは、彼の建てた法隆寺を提示し、仏教を重んじていたことを理解させたい。その政治の特徴を調べさせる。ここでは、聖徳太子がどのような国をつくろうとしたかを調べて考えようという学習問題を立てていくとよい。

💡 本時のねらい

【知識及び技能】聖徳太子の国づくりについて整理してまとめ，中国とかかわりながら聖徳太子によって天皇中心の国ができあがったことを理解する。【思考力，判断力，表現力等】聖徳太子が日本という国の基礎をつくった理由を考えることができる。

❷ 対話的な学びを生む協働（つながる）

発問：聖徳太子はどのような国をつくろうとしたのか？

遣隋使を送る	冠位十二階	十七条の憲法
・小野妹子を送り，中国の文化や政治の仕組みを取り入れる	・家柄にとらわれず，能力や功績のある人が重要な役職につく	・政治を行う豪族や役人の心構えを示す

仏教の教えが深く影響

天皇中心の国づくり

聖徳太子は蘇我氏とともに熱心に仏教を信仰したことがわかっている。しかし子供たちにとって仏教という概念…宗教という概念は理解が難しい部分もある。ここでいういわゆる宗教は人々の「考え方」に影響し，歴史上ではそれに大きく国が左右されていくことになる。

【日本に影響を与えた宗教】

・神道（しんとう）…日本古来固有の宗教。万物（自然，祖先）に神を見いだす考え方で，『古事記』では「八百万（やおよろず）の神」と表されている。縄文時代にはすでにそのような痕跡が見られる。神社，神宮，大社，お稲荷さん，八幡宮など。

・仏教…ネパールで生まれ中国朝鮮を経由して日本へ。苦しみから人々を救う教え。

・儒教…中国で生まれ朝鮮を経由して日本へ。礼儀を重んじる考え方。

聖徳太子はこれらの考え方を融合し，日本という国家をつくりあげたと考えられている。

❸ 次時へ見通しをもつ主体的な学び（創り出す）

発問：聖徳太子の肖像がお札として数多く使われたのは？

聖徳太子は，歴史上最も多く紙幣に描かれている。その理由を考えることで聖徳太子の功績を理解させたい。

 評価は以下の場面で考えられる

ICT…聖徳太子の肖像画紙幣を提示。

・②の協働場面での評価…複数の視点で考えることができているか。

・③の場面での評価

【模範解答例】聖徳太子は，大陸の文化を取り入れ，十七条の憲法などをつくり，日本の国づくりの基礎をつくった人だから。

2 ［飛鳥から平安へ］

3　天皇中心の国づくりはどのように続いたのか？

(学習課題№11・1時間構成)

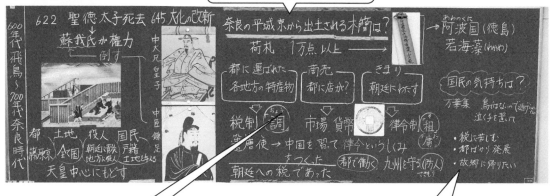

❶深い学びを生む学習問題
❷対話的な学びを生む協働
❸次時へ見通しをもつ主体的な学び

アクティブ・ラーニング的学習展開

❶ 深い学びを生む学習問題（かかわる）

発問：聖徳太子の死後も天皇中心の世は続いたのか？

聖徳太子は622年にこの世を去る。すると蘇我氏が天皇をしのぐ巨大な権力をもつようになった。子供たちには左の絵を提示し，どのようなことが朝廷内で起きたかを想像させたい。左の絵は，蘇我入鹿を中大兄皇子と中臣鎌足が暗殺した場面である。この事件の後，蘇我氏は滅亡し，中大兄皇子（天智天皇），中臣鎌足（藤原鎌足）が再び天皇中心の世に戻すために制度を具体的に整えていく（645年・大化の改新）。

都	土地	役人	国民
中国にならい飛鳥に藤原京	豪族が支配した土地は全て国のもの	朝廷に貴族，地方に役人を置く	戸籍をつくり人々に土地を与える

　大化の改新によって，国は中国（唐）から帰国した留学生らも交え，新しい国の制度を整えた。初の元号「大化」も定められ，この頃から日本の国名も「日本」と表記されるようになったと考えられている。

本時のねらい

【知識及び技能】聖徳太子の死後，天皇中心の国づくりはどのように進められたのかを調べ，木簡の出土状況から，中央集権的な国づくりができあがったことを理解する。

❷ 対話的な学びを生む協働（つながる）
発問：奈良の平城京から出土される木簡は？

右は木簡の写真である。木簡は当時荷札につかわれていたもので，全国各地で出土されており，そこには国の名や特産物の名が表記されている。この木簡が，藤原京から710年に奈良に移った平城京跡地で数多く，1万点以上出土している。子供たちにはその理由を，当時目指していた国づくりと関連させて考えさせたい。※写真は阿波国，若海藻（わかめ）と書かれている。

特産物が都に運ばれた	都で商売がされた	きまりがあった
・各地方の特産物が都に運ばれていた	・都では商売が行われていた	・朝廷に献上するきまりがあった
↓	↓	↓
○特産物を納める税制を「調」といった	○実際に市が開かれており，貨幣も出土している	○律令制により稲「租」や布「庸」を納める

実際に木簡に書かれている地方の名を，地図上に位置付け，それが平城京に集まっていく様子を視覚化するとよい。　◀ ICT…木簡の分布図を提示。

ここでは木簡の移動から日本が中央集権的にまとまっていたことを理解させたい。中国にならってつくられた律令によって仕組みが整えられ，各地の人々は物資を都に送ったり，都で働いたり，兵士として九州の守り（防人）についたりした。

❸ 次時へ見通しをもつ主体的な学び（創り出す）
発問：奈良時代につくられた万葉集の歌からわかることは？

「〜どうしようもない世の中だが，鳥ではないので逃げられない」「泣く子を置いてきた。今頃どうしているだろうか」（「貧窮問答歌」山上憶良作）などの歌から，当時の人々の生活を考える。

評価　評価は以下の場面で考えられる

・❷の協働場面での評価…複数の視点で考えることができているか。

・❸の場面での評価

【模範解答例】税制は当時の人々にとってはすごく厳しく，都ばかりが発展しているようだ。故郷を離れて遠い場所に行き，帰ることができない暮らしに嫌気がさしている人もいると思う。

2 ［飛鳥から平安へ］

4　奈良の大仏はなぜつくられたのか？

(学習課題No.12・1時間構成)

❶ 深い学びを生む学習問題
❷ 対話的な学びを生む協働
❸ 次時へ見通しをもつ主体的な学び

アクティブ・ラーニング的学習展開

❶　深い学びを生む学習問題（かかわる）

　　　発問：なぜ大仏がつくられたのか？

聖武天皇はなぜこのような大仏をつくろうとしたのかを考える。子供たちは以下のように考えるのではないか。

・聖武天皇は仏教を広めたかった。
・天皇の権力を見せつけたかった。
・中国や朝鮮に日本のすごさを見せつけたかった。
・国民みんなが見えるように大きなものにした。

このような意見が出てきたところで，史実を伝える。それは聖武天皇が743年に出した「大仏建立の詔」にある。そこには以下のようなことが書かれている。「仏教をさかんにし，人々を救うために金銅の大仏をつくることにした。国中の銅をつかって大仏をつくり，大きな山を崩して大仏殿を建てる。そうすることで人々とともに仏の恵みを受けたい。富と権力がある私は簡単に大仏をつくれるが，多くの人々が協力してつくらなければ国中が幸せになるのは難しい。一本の草，一つかみの土をもって大仏づくりに参加したい者は，これを許す」とある。ここでは，<u>国民はどのような気持ちで大仏づくりをしていたのか？</u>を考えさせたい。

本時のねらい

【思考力，判断力，表現力等】聖武天皇がどのような目的で大仏づくりを行い，どのように進められたかを調べ，考えることができる。

❷ 対話的な学びを生む協働（つながる）

発問：国民はどのような気持ちで大仏づくりをしていたのか？

仏の恵みを信じて	国を挙げての大事業	辛い仕事だったが
・当時各地できさんや災害，都では伝染病がはやったり，貴族が反乱	・大仏づくりの技術は渡来人の子孫から ・多くの農民が集められた	・全国から金，銅，水銀，すず ・大変な重労働で危険な仕事，税の負担
○全国に国分寺が建てられ，仏教が浸透していった	○大仏建立の詔で大仏づくりの意味が知らされた	○庶民に慕われていた行基が呼びかけた

奈良時代は，実際に社会の不安が大きく蔓延していた。天然痘という伝染病が流行し，ききんや大地震，水害が続けて起きている。また，橘氏・大伴氏・藤原氏などの貴族の権力争いも起きていた。そこで，聖武天皇は仏教の力で国を守ろうと考え，全国に国分寺や国分尼寺を建て，東大寺に大仏をつくることにした。このような聖武天皇の命令が全国に届くことからも当時の天皇の権力が理解できる。また，重い税制もあり，庶民は水田を手放したり，大仏づくりへの参加を拒んでいたが，天皇は苦しい農民のために池や橋をつくったり，薬を与えていた人望のある行基を利用し大仏づくりを進めていった。

❸ 次時へ見通しをもつ主体的な学び（創り出す）

発問：大仏開眼会に集まった１万人からわかることは？

752年に東大寺で大仏の完成式が行われた。唐から招いたインドの僧「菩提僊那」が瞳を入れ，その筆につながる200mの紐（開眼縷）を１万人以上の貴族や僧が手に持った。ここからどのようなことがわかるか？

ICT…タブレットに画像を配布し，気が付いたところに書き込む。

評価　評価は以下の場面で考えられる

・❷の協働場面での評価…複数の視点で考えることができているか。
・❸の場面での評価

【模範解答例】１万人の人が集まるほどの権力と伝える力を天皇はもっていた。また外国の僧を招くということは，奈良時代も中国との交流が続いていることがわかる。参加していない庶民はどんな気持ちだったのか知りたい。

2 ［飛鳥から平安へ］

5　鑑真はなぜ日本にやってきたのか？
(学習課題No.13・1時間構成)

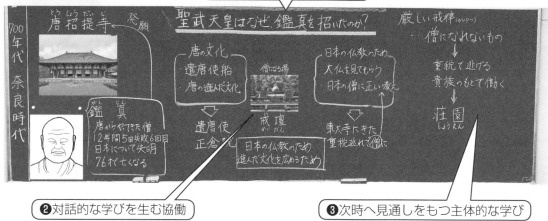

❶深い学びを生む学習問題
❷対話的な学びを生む協働
❸次時へ見通しをもつ主体的な学び

アクティブ・ラーニング的学習展開

❶ 深い学びを生む学習問題（かかわる）
発問：鑑真はどうして寺を建てるくらい力があったのか？

> ICT…鑑真の来日までの軌跡を順番に提示。

　写真は，唐から渡ってきた鑑真が発願し建てられた「唐招提寺」である。当時の大寺のほとんどが天皇の発願で建設されたものであるのに対し，唐招提寺は鑑真自らが発願し，建立を許された希な大寺である。

　ここで子供たちに「鑑真だけがなぜ，特別扱いされたのか？」と問い，鑑真について調べさせる。

・鑑真は唐からやってきた偉いお坊さん。
・12年間に5回も失敗し，6回目でようやく日本にたどり着いた。
・日本に着いてから失明した（最近では来日した当初は見えていたとする説もある）。

・仏教や薬草の知識を教える。
・76才で日本で亡くなる。

　このように，鑑真は唐でも高い地位にいた僧侶で，何度失敗しても日本に来ることをあきらめなかった責任感の強い人だったことがわかる。では，<u>聖武天皇はなぜ危険な航海までさせて鑑真を日本に招いたのか？</u>を学習問題として考えさせたい。

本時のねらい

【思考力，判断力，表現力等】鑑真や遣唐使などの働きについて調べ，聖武天皇が大陸と交流を深めた理由について考え，話し合うことができる。

❷ 対話的な学びを生む協働（つながる）

発問：聖武天皇はなぜ鑑真を日本に招いたのか？

唐の文化	日本の仏教を救う
・鑑真は遣唐使船に乗ってやってきた ・日本は唐の進んだ文化や品物が欲しかったのでは？	・日本は大仏を見てもらいたかった ・日本の僧に正しい仏教を教えてほしかった

○遣唐使を送り，唐の文化を学んでいた ○大陸から来たものは宝物として正倉院に保管されている	○重税を逃れるために僧になった者が多く，僧の質が下がっていた ○鑑真は東大寺にも来ていた

　この頃，庶民は重税のために，納税義務のない僧侶になるものが多く，僧侶の質が下がり，また税収も減り，朝廷は困っていた。そこで聖武天皇は，僧になるのを国家の許可制にすることを考え，僧侶になるものに仏教本来の遵守すべき戒律を教える位の高い僧を唐から招くことを考えたのである。その人物として探し当てたのが鑑真であった。鑑真は唐で4万人もの人を僧にした名僧であり，聖武天皇の意思に応え，危険な航海に耐え，12年後に日本へやってきたのである。また，鑑真が渡ってきたように，当時は遣唐使船での大陸との交流がたびたび行われ，大陸から，遠くはヨーロッパの東ローマ帝国からシルクロードを経て，様々な文化が日本に伝わったとされている。

❸ 次時へ見通しをもつ主体的な学び（創り出す）

発問：僧になれない庶民は，その後どうしたのか？

　重税を逃れるために，僧になる庶民が激増した奈良時代。鑑真によって，僧になることが簡単ではなくなった庶民は重税から逃れるためにどうしたか？　次時へつなぐ意図をもって考えさせたい。

〈戒壇（僧になる場所）〉

評価　評価は以下の場面で考えられる

・②の協働場面での評価…複数の視点で考えることができているか。
・③の場面での評価

【模範解答例】もし自分が庶民の立場であったら，逃げ出してしまう。そして誰かのもとで働くようになるのではないか。

2 ［飛鳥から平安へ］

6　藤原氏はどのように力を付けたのか？

(学習課題No.14・1時間構成)

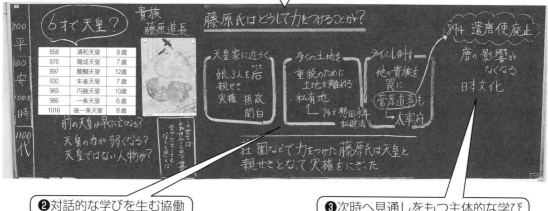

❶深い学びを生む学習問題
❷対話的な学びを生む協働
❸次時へ見通しをもつ主体的な学び

アクティブ・ラーニング的学習展開

❶ 深い学びを生む学習問題（かかわる）
発問：どうして8歳で天皇になったのか？

> ICT…当時の天皇の即位時の年齢をマスキングして提示。

表は平安時代前期の天皇の即位時の年齢である。これを見ると，まだ幼いうちに天皇に即位していることに気付くはずだ。子供たちには「どうして子供の天皇が続いているのだろうか？」と問う。

・前の天皇が早くに死んでしまった。

・天皇の力が弱くなっていた。

・天皇ではない人物が政治を行った。

858	清和天皇	8歳
876	陽成天皇	7歳
897	醍醐天皇	12歳
930	朱雀天皇	7歳
969	円融天皇	10歳
986	一条天皇	6歳
1016	後一条天皇	8歳

天皇が若くして即位した場合や女性だった場合は，代わりに政治を行う役職が置かれる。それを摂政といい，天皇が成人しても政治を続けていくと関白と呼ばれた。普通，摂政や関白は皇族が行うことになっていたが，平安時代になって，貴族で初めて藤原氏が摂政・関白になる。藤原氏は，その後も朝廷の要職を独占し，藤原道長は「この世をば　わが世とぞおもう　望月の　かけたることも　なしとおもえば」という歌を詠むほど力を強めた。藤原氏はなぜ，天皇をしのぐ力を付けたのだろうか？を課題に調べていく。

本時のねらい

【知識及び技能】藤原道長の詠んだ歌から，貴族である藤原氏がどのように力を付けたかを調べ，天皇中心の政治が崩れていったことを理解する。

❷ 対話的な学びを生む協働（つながる）

発問：藤原氏はどうして力を付けることができたのか？

天皇家と親戚	多くの土地を手に入れた	ライバルの貴族を倒す
・藤原氏は次々と娘を天皇の后にして，天皇家の外戚となり，摂政・関白になる	・重税を逃れる庶民が貴族のもとについた ・私有地を増やした	・自分たちの地位を脅かす人を罠にはめて，役職を追いやった

○藤原道長は3人の娘を天皇の妃にし，摂政や関白として政治の実権を握った	○743年の墾田永年私財法により，貴族などは重税を逃れた農民を利用し私有地を増やした	○名門貴族の大伴氏や橘氏などを陥れる 菅原道真はこうした中，無実の罪で太宰府に左遷

このように藤原氏は娘を后にしただけでなく，多くの私有地（荘園）を手に入れ特権を得たり，他の貴族を巧みに陥れ，没落させるなどの政略によって大きな力をもつようになった。遣唐使を廃止させた菅原道真の左遷も藤原氏の政略だった。

実のところ，平安時代は400年にもわたり非常に長い。794年の桓武天皇の平安京遷都に始まり，その100年後頃から，藤原氏が勢力を増していく。藤原氏の全盛期は藤原道長，頼通の頃であり，平等院鳳凰堂が建てられた1052年以降は，外戚関係が途切れ，政権は上皇による院政に移っていく。その100年後には平氏による政治が始まる。天皇（100年）→貴族（200年）→上皇（100年）→武士となる。

❸ 次時へ見通しをもつ主体的な学び（創り出す）

発問：遣唐使の廃止によって，日本にはどのような文化が生まれたか？

菅原道真によって廃止された遣唐使であったが，道真が進言した理由は唐の衰えであった。同時にそれは日本にとって独自の文化の誕生でもあった。

評価　評価は以下の場面で考えられる

・❷の協働場面での評価…複数の視点で考えることができているか。

・❸の場面での評価

【模範解答例】遣唐使をやめたことで唐の影響がなくなり，代わりに貴族が中心となった文化，日本独自の文化が広まったと思う。

2 [飛鳥から平安へ]

7 貴族の暮らしはどんなものだったのか？

(学習課題No.15・1時間構成)

板書

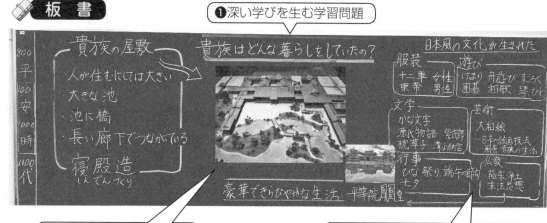

❶深い学びを生む学習問題
❷対話的な学びを生む協働
❸次時へ見通しをもつ主体的な学び

アクティブ・ラーニング的学習展開

❶ 深い学びを生む学習問題（かかわる）
発問：貴族の屋敷からわかることは？

ICT…貴族の屋敷の画像を提示。

平安時代の貴族がどのような暮らしをしていたかは，貴族の大きな屋敷から考える。右の写真を提示し，気が付いたことを話し合う。

・人が住む家にしては大きすぎる。
・大きな池がある。
・池に橋がある。
・長い廊下でつながっている。

この頃の貴族が住んでいた屋敷の建築様式を「寝殿造」と呼んでいる。敷地は約120m四方もあり，中央にあるのが主人が住む寝殿①で，南側に客人を集める庭や船遊びなどをする池を掘っていた。また東西に左右対称になる屋敷を置き，これを廊（廊下）でつなぐ形となっている。このような屋敷に住んでいた貴族，ここでは藤原道長や頼通などがどのような生活をしていたのかを課題として，「服装」「遊び」「文学」「行事」「芸術」「仏教」などの視点から調べていくようにする。

本時のねらい

【知識及び技能】貴族の屋敷から，当時の貴族の文化を想像し，調べることができる。また，日本風の文化が生まれ，現在まで受け継がれているものがあることを理解する。

❷ 対話的な学びを生む協働（つながる）

発問：貴族がどんな暮らしをしていたのか調べよう！

服装	遊び	文学
・十二単…女性の正装 ・束帯…男性の正装	・蹴鞠　・舟遊び ・囲碁　・和歌 ・双六　・琴，琵琶，笛	・かな文字 ・源氏物語…紫式部 ・枕草子…清少納言
芸術	行事	仏教
・大和絵…日本の絵画の技法が生まれた。風景や貴族の生活が描かれる	・ひな祭り ・端午の節句 ・七夕	・極楽浄土 ・末法思想 ・平等院鳳凰堂

当時の貴族の暮らしを，複数の視点で調べていく。住まいだけでなく，服装や遊びなどからも当時の貴族の豪華できらびやかな様子がうかがわれる。また，この時代に誕生した仮名文字（漢字をもとにして生まれた表音文字）による多くの文学作品も誕生した。紫式部は藤原道長の娘（彰子）の教育係として仕えた。著書の『源氏物語』は貴族社会の恋愛を題材にした物語で，当時の多くの人が手に取った作品である。また，清少納言は彰子と同じ中宮の定子に仕えた女性で，宮廷の生活や自然の変化を生き生きと表現した随筆『枕草子』もまた多くの人に読まれたといわれている。また仏教も，世の中に対する不安から，死後に極楽浄土に行けることを願い，貴族や庶民の間で念仏を唱える教えが受け入れられた。

❸ 次時へ見通しをもつ主体的な学び（創り出す）

発問：平安文化が今も残っているのはなぜか？

平安時代の文化は，今も残されているものが多い。この時代の文化を国風文化と呼ぶ。今なお残る平安文化から，日本文化のもとが生まれたことを理解させたい。

評価　評価は以下の場面で考えられる

・②の協働場面での評価…複数の視点で調べることができているか。
・③の場面での評価

【模範解答例】日本の風土に合った，日本風の文化が広まったから，今もなお残っているのだと思う。

2 ［飛鳥から平安へ］

8　飛鳥から平安までをまとめよう！

(学習課題No.16・1時間構成)

本時のねらい

○単元を通して学んだ飛鳥時代から平安時代までの天皇中心の国づくりを天皇の権力，仏教の広がり，大陸との関係といった多面的な視点で捉え，また貴族の台頭による権力の失墜などを比較・分類・総合しながら，新聞に書き表すことができる。

　学習のまとめとして，「新聞製作」を行う。ここでは飛鳥時代から平安時代までの天皇中心の国づくりを多面的に整理し，まとめていきたい。資料を調べ，当時の社会を想像し，自分の考えを表現できるようにする。

アクティブ・ラーニング的記事作成

社会的な見方や考え方

ICT…歴史的文化財の資料が多く残っているので，著作権などを調べて上手につかわせたい。

【空間的な見方・考え方】

・木簡の出土分布やそこに書かれている産物の産地を地図で調べ，当時の天皇の権力が及ぶ範囲についてまとめている。

【時間的な見方・考え方】

・飛鳥時代，奈良時代，平安時代の期間を調べ，年表などを作成しながら，それぞれの時代の変化や長さについてまとめている。

【相互関係に着目】

・人々と指導者の関係，日本と大陸の関係，天皇と貴族の関係，仏教と国の関係などを関係付けて，国づくりの様子を理解している。

【社会的事象を比較・分類・総合】

・飛鳥時代，奈良時代，平安時代に見られる仏教寺院や都を比較し，それぞれの時代の変化を国づくりと関連させ総合的にまとめることができる。

【現代と結び付ける見方・考え方】

・現代に多く残る平安時代の文化を探し，当時の社会の様子を想像し，考えることができる。

評　価

　新聞でのまとめ活動は，ただ教科書や資料集にあることを写し書きして，カラフルにまとめ，見栄えがよいものが高評価されることがあるが，ここでは，上記の見方や考え方でまとめているかどうかを新聞の内容から評価することが重要である。

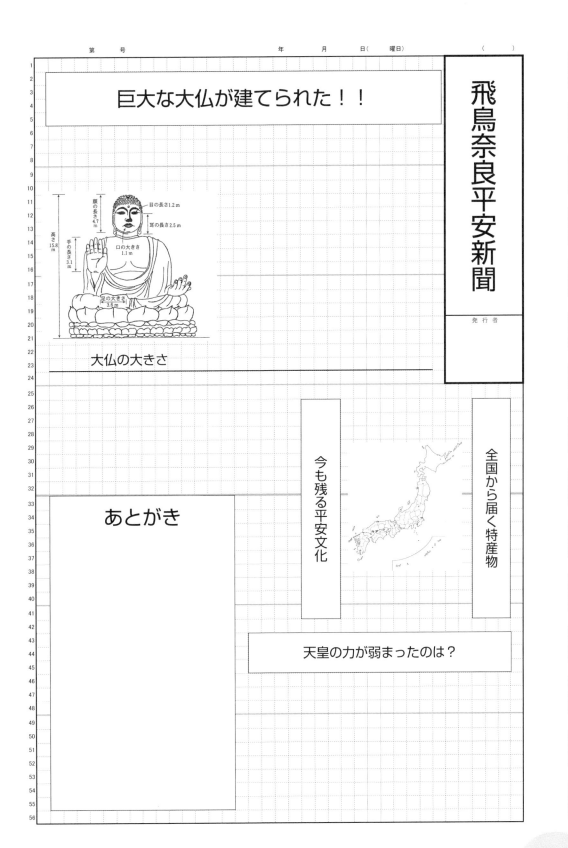

3 ［鎌倉から室町へ～武士の政治］

1　武士はどのように力を付けていったのか？

（学習課題No.17～18・2時間構成）

板書

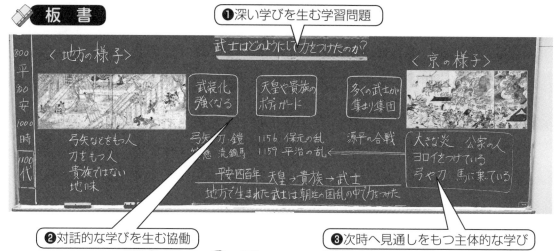

❶深い学びを生む学習問題
❷対話的な学びを生む協働
❸次時へ見通しをもつ主体的な学び

アクティブ・ラーニング的学習展開

❶　深い学びを生む学習問題（かかわる）
発問：地方はどのような様子だったのか？

[ICT]…絵を提示し，重要部分をズームするなどして，共有する。

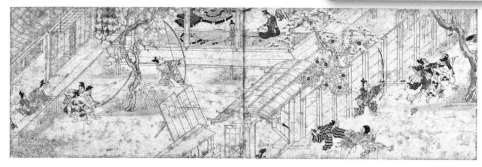

　上図は，鎌倉時代の武士の様子を表した「男衾三郎絵詞」である。絵からは次のことを読み取らせたい。

・弓矢など武器を持つ人がたくさんいる。
・貴族と比べて，質素な暮らしぶり。

　武士は，平安時代に地方の有力農民や役人が，農民に荒れ地を切り拓かせて領地とし，豪族となったものが自分の土地や財産を守るために武装して集団化した人々である。地方で生まれたこのような<u>武士がどのように力を付けていったのか</u>。あとつぎ問題でもめる当時の朝廷の様子から想像させたい。

本時のねらい

【知識及び理解】武士の誕生から，武士がどのようにして力を付けて，政治の実権を握るようになったのかを複数の視点で調べ，理解することができる。

❷ 対話的な学びを生む協働（つながる）

発問：武士はどのように力を付けていったのか？

・武装化して，どんどん強くなっていった	・天皇や貴族について，ボディーガードのような存在に	・多くの武士が集まって集団になっていった

○弓矢，刀，鎧 ○笠懸，流鏑馬	○1156保元の乱 ○1159平治の乱	○源平の合戦

上記のことを調べる活動を通して，武士がどのように力を付けたかを考えさせたい。

また調べ学習後の2時間目の最後には，これらを総合的に考えていくために右の絵を提示する。これは，平安時代末期を描いた「平治物語絵巻」である。この絵から子供たちに読み取ってほしいことは以下のことである。

・大きな炎があがり何かが燃えている。
・鎧を着けている人がいる。　・弓矢や刀を持っている人がいる。
・馬に乗っている人がいる。　・公家の人がいる。　・大きな戦いのようだ。

この絵は1159年「平治の乱」である。ここから，各地に武士が誕生し，源平の武士団ができたこと，天皇や貴族の内乱で頭角を現し，ついには平清盛が政権をとったことを理解させたい。

❸ 次時へ見通しをもつ主体的な学び（創り出す）

発問：飛鳥時代から平安時代にかけて日本の政権がどのように変化したのか？

飛鳥時代から平安時代にかけて，日本がどのようにまとまり，その中心がどのような立場の人だったかをまとめることができる。

 評価は以下の場面で考えられる

・❸の場面での評価

【模範解答例】飛鳥時代に天皇中心の国を目指し，奈良時代は天皇中心の世の中になった。しかし，平安時代になると貴族が政権をもち，貴族の力が弱まると，武士が力を付けて政治の実権を握ることになった。

3 ［鎌倉から室町へ〜武士の政治］

2　頼朝はどのような政治を行ったのか？

(学習課題No.19・1時間構成)

❶深い学びを生む学習問題

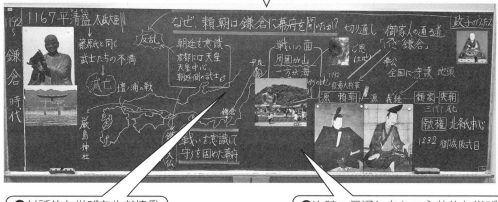

❷対話的な学びを生む協働

❸次時へ見通しをもつ主体的な学び

アクティブ・ラーニング的学習展開

❶　深い学びを生む学習問題（かかわる）
発問：源氏と平氏はどのような戦いをしたのだろうか？

ICT…現在の鎌倉の俯瞰をGoogle mapなどで提示。

　　　　　　　　　　　1167年，平清盛が武士として初めて朝廷の最高位である太政大臣となり，政治の実権を握った。しかし，清盛は藤原氏と同じように天皇との親戚関係となり，一族の多くを朝廷の高い位につけたり，地方の役人も平氏にしたりして支配を強めた。この平氏の行いに世の中の武士は反感をもち，ついには源頼朝が中心となって平氏に対抗していくようになる。特に頼朝の弟である源義経は東北の平泉で挙兵し，西へ進み多くの平氏との争いに勝利する。義経の活躍は今なお残り，馬に乗って崖を駆け下った一の谷の戦い（兵庫），部下の那須与一が平家の扇の的を射抜いた屋島の戦い（香川），次々と八艘の船にとびのった壇ノ浦の戦いなど，弟義経の活躍で平氏を滅ぼした。しかし，平氏を滅ぼした頼朝は，その後，弟義経も討ち，武士の頂点として「征夷大将軍」となった。**頼朝はなぜ政治の中心地を京都から鎌倉にしたのであろうか？**を学習問題として考えていく。

本時のねらい

【知識及び技能】頼朝が幕府を鎌倉に開いたことを通して、戦いを意識した武士による政権が誕生したことを理解する。

❷ 対話的な学びを生む協働（つながる）

発問：なぜ、頼朝は鎌倉に幕府を開いたのか？

戦いの面から	朝廷との関係から
・周りが山で囲まれている ・一方が海なので攻められない ・頼朝にとって関東はゆかりの地 ・平氏が西側にいたから	・京都には天皇がいる ・天皇中心の世の中に戻したい人がいるかもしれない ・朝廷側につく武士もいる

↓

戦いを意識して守りを固めた幕府

頼朝が鎌倉に政治の中心を変えた理由を考え、それが常に戦いを意識したものであったことを理解させる。源平の合戦からもわかるように全国に武士という存在がいることを考えると、いかに頼朝が守りを固めたかが見えてくる。では、どのようにして頼朝は全国の武士を味方につけたのか？　それは右の写真を提示する。

・鎌倉に入れる道を切り通しといった。
・この道を通って幕府の家来の御家人が鎌倉に入った。
・御家人は将軍のために戦う代わりに土地をもらった。

頼朝は土地を仲立ちとして主従関係を結ぶことで全国の武士を仲間にした。それは頼朝亡き後、朝廷が反乱を起こしたときも、妻、北条政子の訴えで御家人たちは主従関係を守り、朝廷軍を破ったのである。

❸ 次時へ見通しをもつ主体的な学び（創り出す）

発問：幕府はなぜ、鎌倉に大仏を？

鎌倉大仏は、幕府が援助したという記録があるが、その詳細はわかっていない。しかし、その理由を考えることで、京に対する意識を想像させたい。

評価　評価は以下の場面で考えられる

・❷の協働場面での評価…複数の視点で考えることができているか。
・❸の場面での評価

【模範解答例】幕府は、朝廷に対抗して、東大寺に負けない大仏を鎌倉につくり、力を見せつけたかったのではないか。

3 [鎌倉から室町へ～武士の政治]

3　元と戦った幕府はどうなったのだろうか？

(学習課題№20・1時間構成)

❶深い学びを生む学習問題

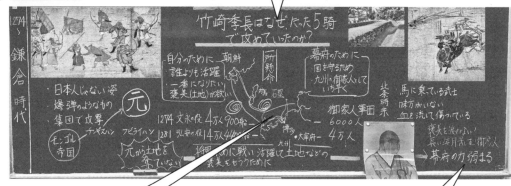

❷対話的な学びを生む協働　　　　❸次時へ見通しをもつ主体的な学び

アクティブ・ラーニング的学習展開

❶ 深い学びを生む学習問題（かかわる）
発問：この絵からどんなことがわかりますか？

ICT…対馬近海の地図を提示。

左の絵は，1274年に起きたモンゴルの襲来「文永の役」である。この絵を子供たちに提示し，わかることを聞く。ここでは次のようなことに気付かせたい。

・右側に馬に乗っている武士がいて，傷ついている。　・味方がいない。
・日本の人じゃないような姿の人がいる。　・爆弾のようなもの。　・集団で攻撃。

13世紀になると大陸ではモンゴルが周りの国を征服して，「元」となる。元（フビライ）はアジアからヨーロッパにかけて広大な地域を支配し，日本も支配しようと2度にわたって九州北部に押し寄せてきた。これを「元寇」と呼ぶ。圧倒的な数であったが，2度とも日本は暴風雨のおかげで侵略を食い止めることができた。このとき右側の御家人「竹崎季長」は「一番駆け」を目指し，たった5騎で元軍に向かっていった。では，なぜ竹崎季長はたった5騎で元軍に向かっていったのか？を課題として考えていく。

本時のねらい

【思考力，判断力，表現力等】鎌倉幕府が衰退した理由を，元の戦いや竹崎季長のとった行動と関係付けて考える。【知識及び理解】ご恩と奉公による主従関係が崩れたことを理解する。

❷ 対話的な学びを生む協働（つながる）

発問：竹崎季長はなぜ，たった5騎で元軍に戦いを挑んだのか？

自分のために	幕府のために
・誰よりも活躍したい	・幕府のために戦う
・一番になりたい	・九州の御家人としていち早く
・褒美が欲しい	

　　　　　　　　　　　将軍との関係を守る御家人の姿

　時の執権，北条時宗は全国の御家人を九州に送り込み，武士たちも恩賞を得るために必死に戦った。竹崎季長もその一人である。御家人たちは，初めて受ける大規模な外国の侵略であり，全く知らない戦術（毒矢，火薬兵器…てつはう，集団戦術，太鼓やドラの音）に苦しんでいた。日本側は，元の九州上陸を防ぐために農民たちに石を積み上げさせて防壁（石塁）をつくりしのいだ。2度の元寇の失敗は，暴風雨の影響や，そもそも元の兵士が，それ以前に征服した朝鮮や中国の人間だったために，戦う気力が欠けていたことも影響が大きかった。

〈今も残る石塁〉

　御家人たちは，2度の元寇の後も九州を警備し，多くの費用を浪費したが，幕府からは約束の領地がもらえなかった。それは，元から領地を奪ったわけではないからである。竹崎季長は，これを不服として鎌倉まで出かけ，必死に手柄を訴え，領地をもらったといわれている。

❸ 次時へ見通しをもつ主体的な学び（創り出す）

発問：鎌倉幕府はなぜ，力を失っていったのか？

　元寇の後，幕府の力は衰退する。2度目の元寇の50年後，執権北条氏は御家人足利氏によって倒される（1333年）。

評価　評価は以下の場面で考えられる

・❷の協働場面での評価…複数の視点で考えることができているか。
・❸の場面での評価

【模範解答例】御家人たちは，命をかけて戦ったのに領地をもらえず，さらに戦費の負担のために，幕府に対する不満が高まっていった。

3 [鎌倉から室町へ〜武士の政治]
4 室町時代にはどんな文化が生まれたのだろうか？

(学習課題№21〜22・2時間構成)

板書

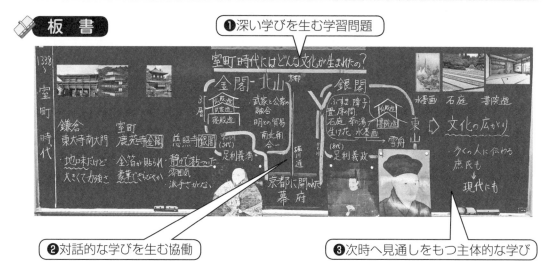

❶深い学びを生む学習問題
❷対話的な学びを生む協働
❸次時へ見通しをもつ主体的な学び

アクティブ・ラーニング的学習展開

❶ 深い学びを生む学習問題（かかわる）
発問：3つの建築物からどんなことがわかるか？

ICT…建築物を比較して提示。

鎌倉時代と室町時代を比較しながら，以下のことに気が付かせたい。

鎌倉時代　東大寺南大門	室町時代　鹿苑寺金閣	室町時代　慈照寺銀閣
・地味だけど，大きくて力強さがある	・金箔が貼られ，豪華できらびやか	・静かで落ち着いた雰囲気。派手さがない

　武士による政治が始まった鎌倉幕府は，元寇後に衰え，朝廷や御家人の反乱で1333年に滅亡し，代わって足利氏による室町幕府が京都で始まった。この<u>新しい室町時代にはどのような文化が広まったのだろうか？</u>を学習問題に取り組ませたい。

【知識及び理解】金閣と銀閣について関心をもち，それぞれの文化の特徴について調べ，理解する。【思考力，判断力，表現力等】室町文化が今も続く理由を考えることができる。

❷ 対話的な学びを生む協働（つながる）

発問：室町時代にはどのような文化が生まれたのか調べよう。

金閣（京都北山）	銀閣（京都東山）
・3代将軍足利義満 ・寝殿造 ・金箔をはりつめた豪華な雰囲気	・8代将軍足利義政 ・書院造…ふすま，障子，畳，床の間，石庭，茶の湯，生け花，水墨画 ・銀箔はなく，落ち着いた雰囲気
幕府に大きな　権力	幕府の　衰退
・明との貿易で大きな利益 ・南北朝の合一	・守護大名たちの争い（応仁の乱） ・下克上→戦国大名へ

　室町時代は，前半の幕府の力が強かった時代と後半の権力が衰退していた時代に分けられる。後半の文化の特徴が「書院造」であり，そこから多くのものが広まった。水墨画は中国から伝わったものを雪舟が独自の技法で大成させた。また庭は，石と砂で水の流れや山

の風景を表す「石庭（枯山水）」も生まれた。足利義政は政治力を失い，銀閣で文化人とともに趣味をたしなむ生活を過ごした。

❸ 次時へ見通しをもつ主体的な学び（創り出す）

発問：室町の文化が今につながるものが多いのはなぜだろうか？

　600年以上前の室町文化は今も多くの人に親しまれている。その理由を考えることで，政治の中心だけでなく庶民の生活にも視点をもたせたい。

評価　評価は以下の場面で考えられる

・❷の協働場面での評価…二つの文化を比較して考えることができているか。
・❸の場面での評価

【模範解答例】今も室町文化が残っているのは，当時から農民も含めた多くの人に広まったからだと思う。庶民の生活が，それまでよりも楽になったからではないか。

3 [鎌倉から室町へ～武士の政治]

5 室町時代の文化はどのようにして広まったのだろうか？

(学習課題No.23・1時間構成)

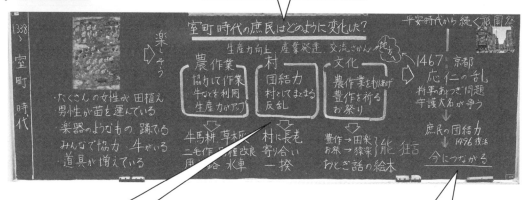

❶深い学びを生む学習問題

❷対話的な学びを生む協働

❸次時へ見通しをもつ主体的な学び

アクティブ・ラーニング的学習展開

❶ 深い学びを生む学習問題（かかわる）
発問：この絵からわかることは？

ICT…マスキングしながら絵を表示すると効果的!!

絵は「月次風俗図屏風」といわれる室町時代の庶民の生活を表した屏風絵である。この屏風絵から子供たちに以下のことを気付かせたい。

・たくさんの女性が田植えをしている。
・男性が苗を運んでいる。
・楽器のようなものを持って踊っている人がいる。
・みんなで協力しているように見える。
・道具が増えている。
・牛も作業に参加している。

室町の文化が現在にもつながっていることから，当時の庶民の暮らしを絵から想像する。平安の頃までは重い税に苦しみ，田畑から逃げ出していた<u>村人の生活は，室町時代になってどのように変化したのか？</u>を学習問題として考えていく。

56

本時のねらい

【知識及び技能】室町時代の農村の発達や多くの習慣や文化を調べ，広い地域や多くの人々に広まったことから，現在まで室町文化が受け継がれてきたことがわかる。

❷ 対話的な学びを生む協働（つながる）

発問：室町時代の庶民ははどのように変化したのか。

農作業	村	文化
・協力して作業 ・牛などを使って農作業を工夫 ・生産力が上がった	・団結力 ・村としてまとまっていた ・反乱なども	・農作業を盛り上げる ・豊作を祈る ・お祭り

・牛馬耕，草木灰 ・二毛作　・品種改良 ・用水路　・水車	・村に長老 ・寄り合い ・一揆	・豊作→田楽，お祭り→猿楽が能や狂言に ・おとぎ話の絵本

　農村では農具の改良や品種改良，共同で用水路をつくるなど，生産力が向上した。織物や紙すき，漆器など手工業も発達し，産業の発達につながった。その結果，人が集まる場所では市が開かれ，人々の交流が盛んになる。また，守護大名たちは将軍に仕えるために京都で生活するようになり，その家来などによって京都から地方に文化が広がっていった。また，義政の頃に応仁の乱が京都で起こり，その戦乱をさけて多くの文化人たちが地方へ移動した。このような人々の移動や交流が室町文化を普及させ，今なお続く理由であるといえる。

❸ 次時へ見通しをもつ主体的な学び（創り出す）

発問：京都の祇園祭は室町時代になぜ，復活したのか？

　祇園祭は平安時代から続く庶民のお祭りだったが，応仁の乱の頃に京都は焼け野原となり，祇園祭の歴史は途絶えた。しかし，町の人々の努力で1496年に復活した。

評価　評価は以下の場面で考えられる

・❷の協働場面での評価…室町の村人の様子を多面的に想像できたか。

・❸の場面での評価

【模範解答例】室町の京都の多くの人々の町の祭りを大切にする気持ちが，祇園祭を復活させた。当時の人々の団結力がわかる。さらに，それが今も行われていることから，京都では祇園祭を世代を超えて大切にしてきていることがわかる。

3 [鎌倉から室町へ～武士の政治]

6　鎌倉から室町までをまとめよう！

(学習課題No.24・1時間構成)

本時のねらい

○鎌倉時代から室町時代までの武士による国づくりを，政治の仕組み，大陸との関係，文化の広がりといった多面的な視点で捉え，また当時の文化が今なお受け継がれてきていることなどを調べ，比較・分類・総合しながら，新聞に書き表すことができる。

　学習のまとめとして，「新聞製作」を行う。ここでは，鎌倉時代から室町時代までの国の成り立ちを多面的に整理し，まとめていきたい。資料を調べ，当時の社会を想像し，自分の考えを表現できるようにする。

アクティブ・ラーニング的記事作成

ICT…歴史的文化財の資料が多く残っているので，著作権などを調べて上手につかわせたい。

社会的な見方や考え方

【空間的な見方・考え方】

・源平の合戦における義経の進路や鎌倉幕府の土地の様子，元寇によって御家人が集まった北九州などを地図で調べ，当時の国内の広がりについてまとめている。

【時間的な見方・考え方】

・平清盛や源頼朝などの人物年表を作成したり，鎌倉時代や室町時代の主な出来事を年表にまとめたりしながら，武士における政治の反映と衰退を理解する。

【相互関係に着目】

・鎌倉時代における幕府と朝廷の関係や，室町時代における幕府と民衆の関係などを調べ，国づくりにどのように影響したかを考えることができる。

【社会的事象を比較・分類・総合】

・鎌倉時代の東大寺南大門，室町時代北山文化の金閣，室町時代東山文化の銀閣の建築様式や建物の雰囲気を比較し，それぞれの時代の変化を国づくりと関連させ総合的にまとめることができる。

【現代と結び付ける見方・考え方】

・現代に多く残る平安時代の文化を探し，当時の社会の様子を想像し，考えることができる。

評価

　新聞でのまとめ活動は，ただ教科書や資料集にあることを写し書きして，カラフルにまとめ，見栄えがよいものが高評価されることがあるが，ここでは上記の見方や考え方でまとめているかどうかを新聞の内容から評価することが重要である。

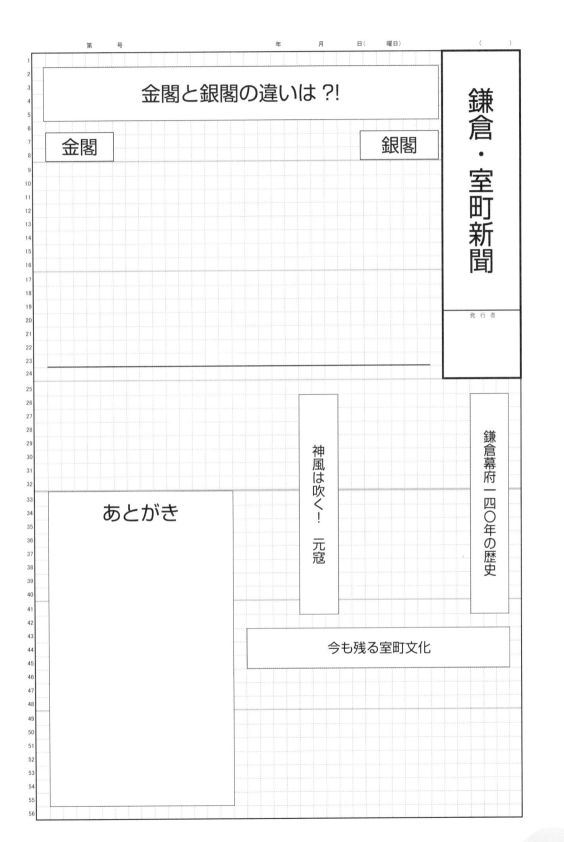

4 [戦国から安土桃山へ～3人の武将と天下統一]

1 戦国時代って，どういう時代だったのだろうか？

(学習課題No.25～26・2時間構成)

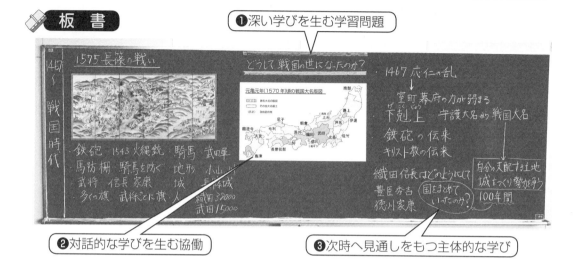

❶深い学びを生む学習問題
❷対話的な学びを生む協働
❸次時へ見通しをもつ主体的な学び

アクティブ・ラーニング的学習展開

❶ 深い学びを生む学習問題（かかわる）

発問：この屏風絵にはいったい何が描かれているのだろうか？

ICT…タブレット端末などをつかい，細かい部分が拡大できるような提示の工夫をしたい。

「戦国～安土桃山時代」の導入の時間である。戦国時代とはどのような時代であったのかを理解するために，屏風絵の中の様子をじっくりと読み取らせたい。

鉄砲	1543年に火縄銃が伝来している	騎馬	最強と言われた武田軍の騎馬隊
馬防柵	騎馬の侵入を防ぐ	地形	右側が多くの小山，間に川
武将	信長や家康などが描かれている	建物	長篠城（愛知県新城市）
多くの旗	武将ごとに旗を掲げている	人	織田軍38000人，武田軍15000人

本時のねらい

【知識及び技能】室町幕府が衰退した後に、全国が戦国大名によって城を中心とした自分の支配する小国に分かれていったことを理解し、どのような戦国大名がいたのかを調べる。
【主体的に学習に取り組む態度】「戦国の世がどのようにまとまっていくのか」といった学習問題を立て、信長、秀吉、家康について調べ、まとめる計画を立てる。

❷ 対話的な学びを生む協働（つながる）
発問：どうして、戦国の世になってしまったのか？

○戦国時代の様子がわかる勢力図
○歴史年表

これらから、以下のことを調べさせたい。

・応仁の乱により室町幕府が衰退したこと
・下克上という風潮が生まれ、守護大名から戦国大名に地方の国が支配されていったこと
・鉄砲やキリスト教といった新しいものが伝来したこと

これらの側面から、戦国時代となっていったことに気付かせる。また、誰でも聞いたことがある武将として、織田信長、豊臣秀吉、徳川家康といった武将に焦点化していく。

❸ 次時へ見通しをもつ主体的な学び（創り出す）
発問：戦国の世がどのようにまとまっていったのか？

戦国時代が、一つにまとまること「天下統一」をキーワードに、信長、秀吉、家康の行った取り組みについて課題別に学習計画を立てる。

評価　評価は以下の場面で考えられる

・長篠合戦図屏風を読み取る⇒複数の視点で読み取っているか。
・②協働場面での評価…地図や年表を使い、当時の世の中について考えているか。
・③での計画を評価

【模範解答例】信長がどのようなことを行い、天下統一を目指したのか調べる。／秀吉が行ったことを教科書や資料集でまとめる。

4 ［戦国から安土桃山へ～3人の武将と天下統一］

2 なぜ，信長は領地を広げていくことができたのか？

(学習課題No.27・1時間構成)

❶深い学びを生む学習問題

❷対話的な学びを生む協働　　❸次時へ見通しをもつ主体的な学び

アクティブ・ラーニング的学習展開

❶ 深い学びを生む学習問題（かかわる）
発問：図からどのようなことに気付くか？

ICT…領土が広がる様子をプレゼンテーションで提示。

　右は，織田信長の領土拡張の変遷である。1560年当時，尾張一国の主だった信長は，東の駿河の戦国大名「今川義元」から侵攻された。25000の兵に対し，5000の信長であったが，桶狭間で豪雨の中，油断した敵の本陣をつき，今川義元を討つ。これを機に信長は徐々に力を付け，領地を拡大していった。

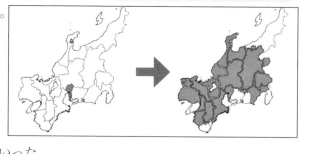

　群雄割拠の戦国時代。一つの国としてまとまっていた日本が，戦国大名による小国の集まりになったことを理解させる。それら小国の中で，信長が領土を拡張していったことを視覚的に提示して，信長がなぜ領地を拡大することができたのか？といった問いを見いだし，学習問題を設定する。

本時のねらい

【知識及び技能】織田信長がどのような政策で武力や経済力を身に付けて，領地を拡大したかを資料などから調べ，整理し，まとめる。【思考力，判断力，表現力等】信長が領地を拡大していった理由を，武力面と経済面のように多面的に考え，信長が目指した国づくりについて考え，表現することができる。

❷ 対話的な学びを生む協働（つながる）

発問：なぜ信長は領土を広げることができたのだろうか？

子供たちが調べ活動を行うに当たって取り上げられる内容は，以下のことが予想される。

武力面	経済面
・桶狭間や長篠の戦いにおける戦術 ・鉄砲の活用（3000挺） ・延暦寺焼き討ち ・室町幕府を滅ぼす ・安土城の建築	・楽市楽座によって自由商売 ・関所の廃止で流通を自由に ・キリスト教を保護 ・南蛮貿易 ・商業都市堺を支配

ここでは，武力の側面と経済の側面の多面的な見方・考え方を導きたい。またその二つの側面を結び付けるものとして「火縄銃」を取り上げる。火縄銃は今の値段で一挺50万円ほどといわれている。信長はこれを3000挺＝15億円の財力があったと考えることができ，両者をつなぐ糸口になる。

❸ 次時へ見通しをもつ主体的な学び（創り出す）

発問：信長はどんな国づくりを目指していたのか？

「天下布武」の朱印から，戦国時代に信長が何を考えて「国づくり」を行っていこうとしたのかを考えさせたい。信長は志半ばで暗殺されるわけだが，その後の中心人物が誰であり，どのような国づくりをしようとしたのかといった視点で見通しをもたせたい。

評価　評価は以下の場面で考えられる

・❷の協働場面での評価…多面的に考えることができているか。
・❸の場面での評価

【模範解答例】信長は早く国をまとめ，楽市楽座のように国民が自由にいろいろなことに挑戦でき，外国とも交流できる国を目指したのではないか。

4 [戦国から安土桃山へ〜3人の武将と天下統一]

3 秀吉は天下統一後，どのような国づくりを目指したのか？ (学習課題No28・1時間構成)

板書

❶深い学びを生む学習問題

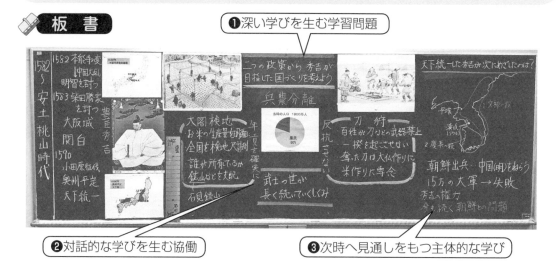

❷対話的な学びを生む協働　　❸次時へ見通しをもつ主体的な学び

アクティブ・ラーニング的学習展開

❶ 深い学びを生む学習問題（かかわる）

発問：この二つの絵は何をしているのか？

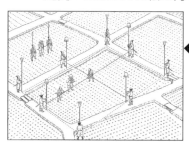

〈太閤検地〉

ICT…タブレット端末に画像を送信し，児童一人ひとりが気が付いたところに印を付けて共有するとよい。

〈刀狩令〉

　尾張の身分の低い足軽（武士と農民の間）の子として生まれた秀吉は，信長に仕えて有力な武将になる。本能寺の変で自害した信長の後を継ぎ，明智光秀を倒し，関白となり天下統一を成し遂げた。ここでは，秀吉が天下統一を行った後にどのような国づくりを目指したかを多面的に（経済面・武力面から）考えさせたい。天下統一を成し遂げた秀吉が次に考えることは何かを「問題意識」として仮説を立て，調べ活動に入る。

💡 本時のねらい

【知識及び技能】信長亡き後，豊臣秀吉がどのように天下統一し，また刀狩や検地を行うことによってどのような国づくりを目指したかを多面的に理解する。【思考力，判断力，表現力等】秀吉が行った朝鮮出兵が，現在の朝鮮半島との関係にどのような遺恨を残したのかを考え，日朝の関係にも関心をもつことができる。

❷ 対話的な学びを生む協働（つながる）

発問：二つの政策から秀吉の目指した国づくりを考えよう。

子供たちが調べ活動を行うに当たって取り上げられる内容は，以下のことが予想される。

経済面	武力面
・お米の生産高がそれまではわからない ・全国を同じものさし（検地尺）で計測することで土地の管理が正確になる ・誰がどの田畑を利用するかがわかる ・年貢の収入が確実になる ・鉱山などの土地も支配した	・百姓が刀などの武器を持つことを禁止 ・一揆を起こさせないようにする ・奪った刀は，大仏づくりに生かすことで百姓を納得させた ・武士と百姓という身分の違いが明確に ・米づくりに専念するようになる

協働場面では，思考力・判断力を高めるために課題を与えて話し合いをさせるとよい。ここでは，二つの政策が最終的に秀吉の力を強くし，人口の大半を占める「百姓」を武士が支配していく社会の様子を理解させたい。

❸ 次時へ見通しをもつ主体的な学び（創り出す）

発問：天下統一した秀吉が次に目指したのは何だろうか？

天下統一した秀吉が，国内から国外へ目を向けたことは容易に想像できる。2度にわたって中国（明）を征服しようと朝鮮に15万もの大軍を送っている。ここからも秀吉の支配力を考えさせたい。また，現在でも秀吉が韓国の人々に嫌われている事実から，この出来事が，今なお二国間の関係に影を落としていることにも関心をもたせたい。

🌸 評 価　　評価は以下の場面で考えられる

・秀吉の政策を調べている様子⇒調べた内容

・②の協働場面での評価…複数の視点で考えることができているか。

・③の場面での評価…秀吉の権力の強さから考えを述べているか。

【模範解答例】秀吉は，検地や刀狩を行うことで，反乱をさせず，富を自分だけに集中させることができた。だから朝鮮に15万もの兵を送ることができた。

2章　主体的・対話的で深い学びを実現する！社会科授業づくりの教科書　板書＆展開プラン　65

4 ［戦国から安土桃山へ〜3人の武将と天下統一］

4　家康は天下統一後，どのような国づくりを目指したのか？ （学習課題No.29・1時間構成）

❶深い学びを生む学習問題

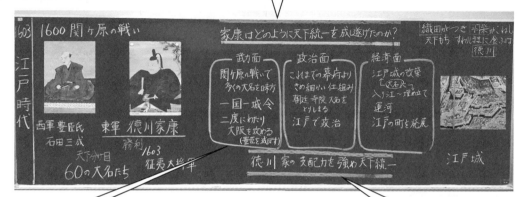

❷対話的な学びを生む協働　　　❸次時へ見通しをもつ主体的な学び

アクティブ・ラーニング的学習展開

❶ 深い学びを生む学習問題（かかわる）
発問：関ヶ原の戦いの絵からどんなことがわかるか？

【関ヶ原の戦い】

およそ60の大名が参加した天下分け目の戦い。

ICT…タブレット端末に画像を送信し，児童一人ひとりが気が付いたところに印を付けて共有するとよい。

　三河の大名の子として生まれた家康は，幼い頃は，周辺の大名の人質となり苦労を重ねた。その後，多くの戦いで功績をあげ，頭角を現していく。秀吉の死後は，多くの大名を味方につけて，関ヶ原の戦いで勝利した。関ヶ原合戦図からは，多くの大名が入り乱れて戦いを行っていることを読み取らせ，家康がこれだけの大名をどのように支配していくのかを問題意識として捉え，調べ活動に入る。

本時のねらい

【知識及び技能】秀吉の死後，関ヶ原の戦いに勝利した徳川家康が多くの大名をどのように支配し，幕府を開いたかを調べ，多面的に理解する。【思考力，判断力，表現力等】また，戦国時代をまとめた信長，秀吉，家康の3人の武将を振り返り，歌の解釈を通して，その特徴をまとめ，それぞれの人物の人柄に関心をもたせたい。

❷ 対話的な学びを生む協働（つながる）

発問：家康はどのように天下統一を成し遂げたのか？

子供たちが調べ活動を行うに当たって取り上げられる内容は，以下のことが予想される。

武力面	政治面	経済面
・関ヶ原の戦いで多くの大名を味方につけ勝利 ・一国一城令を出す ・二度にわたり大坂の陣	・これまでの幕府よりもきめ細かい幕府の仕組み ・江戸（東京）で政治	・江戸城城下町 ・入り江を埋め立て

京都方広寺の鐘の銘文「国家安康」「君臣豊楽」に家康は因縁をつけ，大坂冬の陣を起こし，翌年の夏の陣で豊臣家を滅ぼす。家康が行った取り組みが幕府の基盤づくりにどのように影響したか，武力面，政治面，経済面といった多面的な視点でまとめる。

江戸と東京を関連させながら，日本の基盤ができたことにも関心をもたせたい。

❸ 次時へ見通しをもつ主体的な学び（創り出す）

発問：「織田がつき 羽柴がこねし 天下もち すわりしままに 食ふは徳川」とは？

後の時代に詠まれた戦国の3人の武将の歌である。戦国の世がどのようにして一つの国としてまとまっていったのかを，3人の武将の取り組んできた政策をもとに，まとめとして子供たちにまとめさせたい。

評価　評価は以下の場面で考えられる

・③の場面での評価…三武将の特色をまとめているか。

【模範解答例】織田は，天下統一をめざして積極的に領地を広げた。秀吉は，織田がつくった国を自分のものにし，検地などを行い，国をうまくまとめた。家康は，織田に味方し，秀吉に味方し，じっとしていたが最後の関ヶ原で勝利し，天下統一を成し遂げた。

〈現在の江戸城跡〉

4［戦国から安土桃山へ〜3人の武将と天下統一］

5　天下統一についてまとめ，新聞に書こう！

(学習課題№30・1時間構成)

本時のねらい

○単元を通して学んだ三武将について興味関心をもち，その国づくりがどのように天下統一に結び付いたのかを多面的・多角的な視点で捉え，比較・分類・総合しながら，新聞に書き表すことができる。

　学習のまとめとして，「新聞製作」を行う。単元全体のまとめ活動であるから，戦国の世がどのようにまとまり天下統一したのかを，子供自身の視点で書くことが目標である。三武将（信長・秀吉・家康）のいずれかについてまとめてもよいし，そのうち一人に絞ってまとめてもよい。大切なことは，その取り組みがどのように天下統一につながったのかを明確に述べるように指導することである。

アクティブ・ラーニング的記事作成

社会的な見方や考え方

【空間的な見方・考え方】

・信長，秀吉，家康の出生地や自国の位置や他の武将や京都との距離などの利点を考えている。

> ICT…新聞作成ソフトなどで作成することで，書くことが苦手な子も等しく評価できる。

【時間的な見方・考え方】

・年表を作成し，どのように天下統一を進めていったのかをまとめている。

【相互関係に着目】

・検地や刀狩を行うことで，人々にどのような変化が起きたかを考えている。

【社会的事象を比較・分類・総合】

・三武将の国づくりを比較したり，どのような影響があったかを分類・総合してまとめている。

【現代と結び付ける見方・考え方】

・現代に残る城跡や銅像などの史跡について取材し，まとめている。

評　価

　新聞でのまとめ活動は，ただ教科書や資料集にあることを写し書きして，カラフルにまとめ，見栄えがよいものが高評価されることがあるが，ここでは上記の見方や考え方でまとめているかどうかを新聞の内容から評価することが重要である。

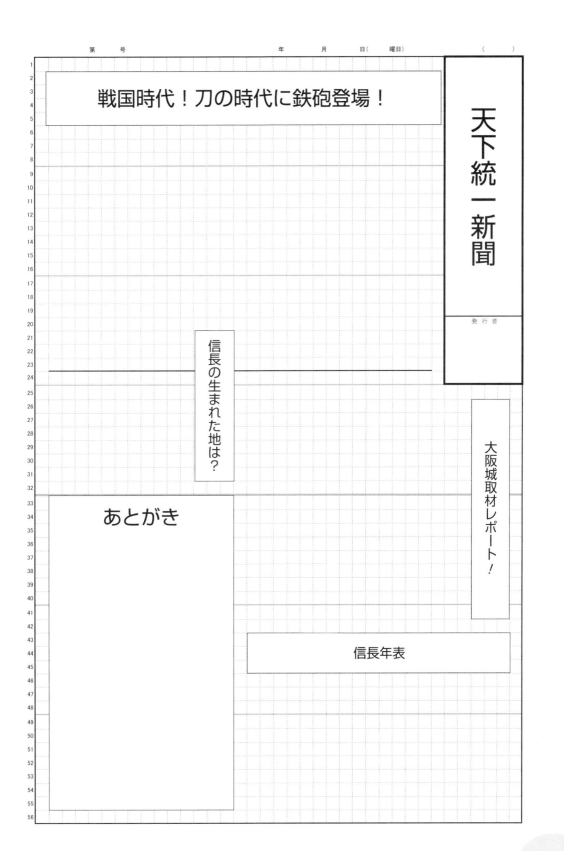

5 ［江戸幕府と政治の安定］

1　江戸時代は，どうして265年も続いたのか？

(学習課題No.31〜32・2時間構成)

❶深い学びを生む学習問題
❷対話的な学びを生む協働
❸次時へ見通しをもつ主体的な学び

アクティブ・ラーニング的学習展開

> ICT…これまでの将軍の画像をフラッシュで提示し振り返る。

❶ 深い学びを生む学習問題（かかわる）

発問：江戸幕府を他の幕府と比較してどんなことがわかるか？

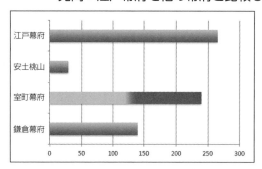

　武士における政権について時間的な見方で比較する。鎌倉幕府は源氏が約30年，それ以降は北条氏の政権。室町幕府は一見長い年数だが，実際は半分が戦国時代である。信長と秀吉の安土桃山はわずか30年足らずである。
　これに対し，江戸幕府は徳川家だけで265年という長期にわたる政権を維持している。

ここから，<u>なぜ，江戸時代が長期政権となったのか？</u>という学習問題をつくる。

幕府	歴代征夷大将軍（安土・桃山時代は足利義昭以降不在）
鎌倉	頼朝・頼家・実朝・藤原頼経・藤原頼嗣・宗尊親王・惟康親王・久明親王・守邦親王
室町	尊氏・義詮・義満・義持・義量・義教・義勝・義政・義尚・義材・義澄・義稙・義晴・義輝・義栄・義昭
安土桃山	織田信長（副将軍や管領を辞退）　豊臣秀吉（太政大臣・関白・太閤）
江戸	家康・秀忠・家光・家綱・綱吉・家宣・家継・吉宗・家重・家治・家斉・家慶・家定・家茂・慶喜

本時のねらい

【主体的に学習に取り組む態度】これまでの幕府との比較から，徳川家による江戸幕府が長期にわたる政権であったことを理解し，問題意識をもつ。【思考力，判断力，表現力等】長く続いた理由が幕府の基盤にあることを予測し，どのような国づくりが行われたのかを，自分なりの考えをもち，多面的に調べる計画を立てる。解決のために調べてまとめる。

❷ 対話的な学びを生む協働（つながる）

発問：なぜ江戸時代が265年続いたのか考えてみよう。

武力面	政治面	財政面	外交面
・徳川家が強い武力を独占したのでは？	・徳川家に有利なきまりをつくったのではないか？	・楽市楽座や検地のように徳川にとって財力がつく仕組みにした？	・海外の国を味方につけたのではないか？

・これまでの為政者の国づくりから考えさせたい。

・ホワイトボードなどを使い，協働的に話し合いをさせたい。

あまり考えが浮かばない場合は，ホワイトボードを上記の四つの視点に分けて，Ｘチャートなどのシンキングツールをつかって考えることも効果的である。

これらの側面から，徳川幕府の基盤となる「大名配置」「武家諸法度」「参勤交代」「百姓支配」「鎖国」といったキーワードを取り上げ，調べ活動につなげたい。

❸ 次時へ見通しをもつ主体的な学び（創り出す）

発問：江戸時代の基盤はどのようにできあがったのか？

265年続いた江戸幕府の「基盤」をキーワードに，幕府の政策について多面的に調べる学習計画を立てる。

評価　評価は以下の場面で考えられる

・❷の協働場面での評価…既習事項をもとに多面的に自分の考えをもつことができているか。

・❸の場面での評価

【模範解答例】幕府の外交政策について，どのようなやり方が幕府にとって有利だったのかを考えながら調べる。

・調べた内容…自分の課題に対して的確に情報を収集し，まとめることができているか（2時間目）。

2章　主体的・対話的で深い学びを実現する！社会科授業づくりの教科書　板書＆展開プラン　71

5 [江戸幕府と政治の安定]

2 全国各地の大名をどのように取り締まったのか？

(学習課題No.33・1時間構成)

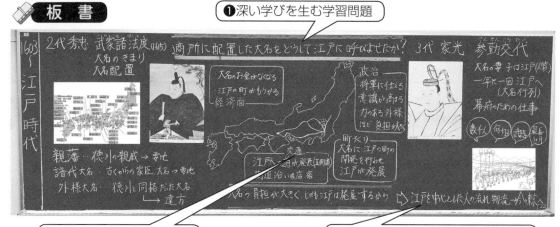

❶深い学びを生む学習問題
❷対話的な学びを生む協働
❸次時へ見通しをもつ主体的な学び

アクティブ・ラーニング的学習展開

❶ 深い学びを生む学習問題（かかわる）
発問：江戸幕府は大名をどのように支配したのか？

ICT…金山や重要な都市などを地図の中に提示する。

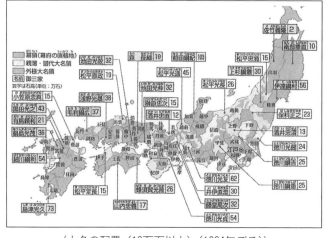

〈大名の配置（10万石以上）（1664年ごろ）〉

関ヶ原の戦い以後，家康や2代秀忠は，全国の大名の国を左図のように配置した。ここで重要なのは，大名の分類である。幕府は親戚関係の大名を「親藩」，古くから従えていた大名や家臣を「譜代大名」として，江戸に近い地域や要地に国を配置させた。また，関ヶ原の戦いで活躍した徳川と同格の大名は，「外様大名」として，江戸から遠方の地方に配置した。この結果，江戸近郊や京都までの地域は味方の国が固め，遠方の外様を監視するように譜代が置かれる形になった。しかも，鉱山や重要都市は幕府が直接支配している。幕府の基盤の基礎の一つに大名配置があったことに気付かせたい。

本時のねらい

【知識及び技能】参勤交代について調べ，大名の財政に大きな負担をかけたことや，江戸への街道が発達したこと，江戸の町が発展したことなど，幕府の利点を多面的に理解することができる。【思考力，判断力，表現力等】現在の東京と比較して考え，現代の日本の首都の基盤がこの時代にできあがったことにも関連させて考えることができる。

❷ 対話的な学びを生む協働（つながる）

発問：適所に配置した大名をどうして江戸に呼び寄せたのか？（参勤交代）

交通面	町づくり面	財政面	政治面
・江戸への道（五街道）が発展 ・街道沿いに多くの店や宿が生まれる	・大名に江戸の町の開発を行わせ，江戸が発展する	・大名の財政が苦しくなる ・逆に江戸の町が繁盛し，幕府の財政が安定	・将軍に仕える意識が高まる ・力のある外様ほど負担が大きくなる

大名行列の絵図や江戸までの道のりから，参勤交代がどれほど大がかりなことであったかを想起させる。単に大名の力が弱まるというだけではなく，街道の発展や諸藩が命じられた治水工事など，人の移動が起こす影響に気付かせる。

〈日本橋にある道路の起点〉

〈参勤交代〉

❸ 次時へ見通しをもつ主体的な学び（創り出す）

発問：現在の東京に人口が集中しているのはなぜだろうか？

現代の東京と当時の江戸の町を関係付けて考えさせたい。地図や現代の東京の写真などを見ながら，時間的な見方ができるようにしたい。

評価　評価は以下の場面で考えられる

・❷の協働場面での評価…参勤交代の理由を多面的に捉えているか。
・❸の場面での評価

【模範解答例】江戸時代に交通が整備され，江戸の町に人がたくさん訪れたことや各地の文化が集まったことで，東京が現在のように発展したと思う。

5 [江戸幕府と政治の安定]

3 幕府はどのように百姓や町人を取り締まったのか？

(学習課題No.34・1時間構成)

板 書

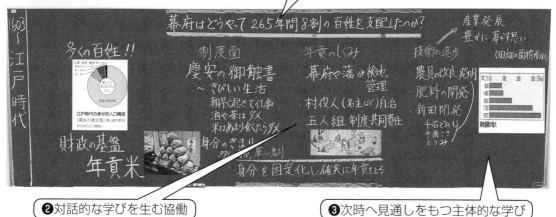

❶ 深い学びを生む学習問題
❷ 対話的な学びを生む協働
❸ 次時へ見通しをもつ主体的な学び

アクティブ・ラーニング的学習展開

❶ 深い学びを生む学習問題（かかわる）

発問：幕府は265年間どうやって8割の百姓を支配していたのか？

ICT…円グラフを提示。

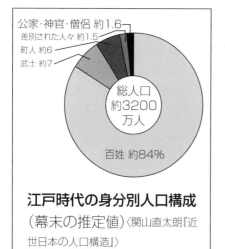

江戸時代の身分別人口構成
（幕末の推定値）〈関山直太朗『近世日本の人口構造』〉

子供たちにとって、江戸時代のイメージは武士や町人のイメージが強いと思われる。しかし、当時の人口割合を見ると圧倒的に「百姓」が多い。この百姓の存在を理解することが大切である。なぜなら、幕府の財政の基盤は年貢米だからである。その年貢米を生産するのは農民である「百姓」であったのはいうまでもない。この百姓を幕府がどのように取り締まったかについて問題意識をもたせたい。これだけ数が多く、財政の基盤を支えている百姓をないがしろにはできないはずだからだ。

【ポイント】江戸時代は、町では通貨が流通しているが、武士たちへの給料は「米」であった。さらに、大名の格付けも米の収量（石高）で決められている。1石は米約150kg。米中心の食生活で考えると、成人が1年間に食べる量が1石と考えてよい。

本時のねらい

【知識及び理解】江戸時代の人口構成や農村の様子，町の様子，年貢の仕組みを調べ，幕府がどのように百姓や町人を支配していたのかを理解する。

❷ 対話的な学びを生む協働（つながる）

発問：年貢を納める様子から，当時の百姓の暮らしを考えよう。

制度面	年貢の仕組み	技術の進歩
・慶安の御触書～厳しい生活，仕事 ・身分のきまり	・幕府や藩が検地・管理 ・村役人が農村を自治 ・五人組制度で共同責任	・農具の改良・発明 ・肥料の開発 ・新田開発

　時代劇などの影響からか，江戸時代の農民は粗末な服を着て，貧しい生活をしていたという認識が教師も含めて多い。しかし，実際は村役人を中心に自治的に村を運営し，稲作の他にも畑作を行い商品作物を栽培していた。江戸時代に奨励された作物を「四木三草」という（桑，楮，茶，漆を四木，藍，紅花，麻を三草）。また，新田開発を進め田畑を増やしたり，農具の改良や肥料の開発を行い，生産を向上させている。結果として，農村にも貨幣経済が広がり，町で買い物をする百姓もいたという。その結果，各地で産業が発展し，交通網の整備などによって商業が発達した。城下町や宿場町などの町人たちが力を付けていくことになる。

❸ 次時へ見通しをもつ主体的な学び（創り出す）

発問：江戸時代の庶民の様子から人々の生活の様子を考えよう。

　265年も続いた江戸時代は，幕府の支配力はもちろんのこと，庶民の生活の安定が大きい。その安定が後の町人文化の発達や農村での寺子屋の誕生などにつながっていく。

評価　評価は以下の場面で考えられる

・❷の協働場面での評価…百姓の暮らしを多面的に捉えているか。
・❸の場面での評価

【模範解答例】江戸時代には，厳しい税制があったものの，それぞれが工夫して産業を発展させ，暮らしを豊かにしていこうとする気持ちがあったと思う。

5 ［江戸幕府と政治の安定］
4　幕府はなぜ鎖国を行ったのか？
(学習課題No.35・1時間構成)

板書

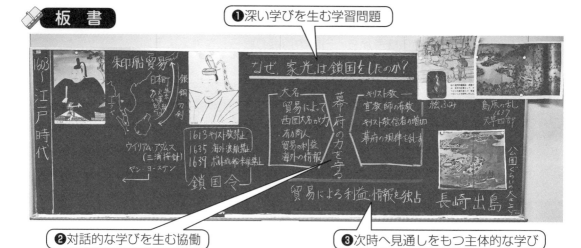

❶深い学びを生む学習問題
❷対話的な学びを生む協働
❸次時へ見通しをもつ主体的な学び

アクティブ・ラーニング的学習展開

❶ 深い学びを生む学習問題（かかわる）
発問：家康はどのような貿易を行っていたのか？

下の写真は、東京駅八重洲中央口近くにある「ヤン・ヨーステン記念碑」である。ヤン・ヨーステンはウィリアム・アダムス（三浦按針）とともに1600年に日本に漂着したオランダ商船リーフデ号の乗組員である。後に家康に信任され砲術顧問となり、日本に留まった。その後、日本人と結婚し「朱印船貿易」に従事した。東京都「八重洲」の地名は彼の名が語源である。

輸出品	銀・銅・刀剣・硫黄
輸入品	生糸・絹織物・綿布・すず・火薬
相手国	東南アジア諸国・ポルトガル・スペイン・オランダ・イギリス

朱印船貿易は秀吉の頃から始まり、家康の頃に最盛期を迎えた。幕府は貿易の利益を得るために朱印状を発行し、主に九州の大名たちは多くの商人を東南アジアに派遣し、貿易を行った。貿易が活発になるにつれ、渡航した日本人はアユタヤ（タイ）やマニラ（フィリピン）などに移住し日本町をつくり、自治制をとった。このような盛んな貿易の政策の中、3代家光は鎖国令を出すのである。この経過を学んだ上で、<u>なぜ幕府は鎖国を行ったのか</u>という学習問題をつくりたい。

本時のねらい

【知識及び技能】江戸幕府がどのようにキリスト教を禁止していったのかを，キリスト教の禁止，大名統制の面から多面的に調べ，鎖国が幕府に権力を独占させたことを理解する。

❷ 対話的な学びを生む協働（つながる）

発問：幕府が鎖国をした理由を考えよう。

キリスト教の禁止	大名の貿易統制
・宣教師の布教活動 ・キリスト教信者の増加・団結 ・幕府の規律を乱す可能性	・貿易によって西国大名の権力増大，有力商人の増加 ・貿易の利益，海外の情報を独占

　キリスト教信者の増加は著しく，秀吉の頃に20万人ほどだったのが，この頃は70万人以上になっていた。幕府は信仰のための団結や，ポルトガルやスペインの影響を恐れた。事実，1637年には九州の島原・天草地方でキリスト教信者を中心とする3万人が天草四郎（益田時貞）を中心として一揆を起こしている。幕府が外国と交流していた窓口を「四口」と呼び，出島が「長崎口」（対オランダ，中国），対馬藩が「対馬口」（対朝鮮），薩摩藩が「薩摩口」（対琉球王国），松前藩が「蝦夷口」（対アイヌ）という位置付けがなされ，幕府は外交を独占した。

❸ 次時へ見通しをもつ主体的な学び（創り出す）

発問：鎖国によって幕府の力はどうなったのだろうか？

　鎖国によって，独占したものは貿易の利益だけではない。オランダから海外事情を情報として提出させている（オランダ風説書）。世界の情報も幕府は独占していた。

> **ICT**…出島の大きさは1.5ha。近隣公園ほどの面積である。校区の俯瞰図に重ね，独占の意味を考えたい。

 評価は以下の場面で考えられる

・❷の協働場面での評価…鎖国の理由を多面的に捉えているか。
・❸の場面での評価

【模範解答例】鎖国を行うことで，貿易の利益や外交関係を独占し，幕府とその他の大名との力の差が大きくなっていった。

5 ［江戸幕府と政治の安定］

5　江戸幕府についてまとめ，新聞に書こう！

（学習課題No.36・1時間構成）

💡 本時のねらい

○単元を通して学んだ江戸幕府の世の中を支配する仕組みについて調べたことを，大名の統制，庶民の支配，外交の独占という面から多面的・多角的な視点で捉え，比較・分類・総合しながら，新聞に書き表すことができる。

学習のまとめとして，「新聞製作」を行う。まとめなので，江戸幕府がどのように265年間続く幕府の基礎をつくりあげたのかを，大名統制や外交面から多面的に書くことが目標である。また，身分制度が確立していた江戸時代（実際には士農工商という身分はあったが序列はなかった）のそれぞれの身分の立場で多角的に江戸時代を読み取り，表現することを指導したい。

アクティブ・ラーニング的記事作成

社会的な見方や考え方

> ◀ **ICT**…新聞作成ソフトなどで作成することで，書くことが苦手な子も等しく評価できる。

【空間的な見方・考え方】

・大名配置や参勤交代を調べ，どのように大名が配置されていたのか，全国がどのように発展したのかを，交通網や各地の特産から考えることができる。

【時間的な見方・考え方】

・年表を作成しながら，キリスト教信者がどのように増え，禁教や鎖国がどのように行われていったのかをまとめている。

【相互関係に着目】

・鎖国が行われたことで，幕府にどのような利点が生まれたか，諸大名にどのように影響したかを関係付けて考えている。

【社会的事象を比較・分類・総合】

・士農工商といった身分によってどのように生活が違ったかを比較し，総合的にまとめている。

【現代と結び付ける見方・考え方】

・現代に残る地域の特産や地名などについて，関係付けてまとめている。

🌸 評　価

新聞でのまとめ活動は，ただ教科書や資料集にあることを写し書きして，カラフルにまとめ，見栄えがよいものが高評価されることがあるが，ここでは上記の見方や考え方でまとめているかどうかを新聞の内容から評価することが重要である。

6 ［町人の文化と新しい学問］

1　江戸時代にはどうして多くの文化が生まれたのか？

(学習課題No.37〜38・2時間構成)

板書

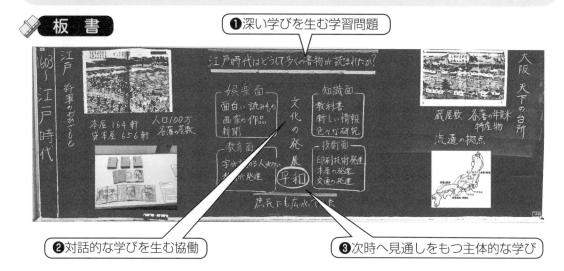

❶深い学びを生む学習問題

❷対話的な学びを生む協働

❸次時へ見通しをもつ主体的な学び

アクティブ・ラーニング的学習展開

ICT…江戸時代に書かれた書物を提示し，今との違いを比較する。

❶　深い学びを生む学習問題（かかわる）

発問：江戸時代の庶民はどんな生活をしていたのか？

　江戸や大阪の絵図から，当時の庶民の賑わいを子供たちに感じさせる。その賑わいの調べる切り口として「本」を提示したい。書店「TSUTAYA」はもとは蔦屋であり，江戸時代の版元であった「蔦屋重三郎」に由来する。実は江戸時代は世界的に見ても本の出版部数は極めて多かった。江戸後期には本屋は164軒あったと記録されている。また，庶民は高価な本を買うよりも，貸本屋から借りるのが一般的であった。実に貸本屋は656軒もあったことが記録されている。庶民の生活に深く浸透していた読書文化。この事実から，<u>江戸の庶民はなぜ，多くの本を読んでいたのか？</u>という学習問題をつくり，調べ活動へと関係付けていく。

本時のねらい

【思考力，判断力，表現力等】江戸時代に書物が盛んに出版され，庶民に読まれたという事実から，本が読まれた理由を考える。【主体的に学習に取り組む態度】江戸の文化の発展を調べていく視点をつくり，なぜ江戸の文化が発達したかという単元を貫く学習問題をつくる。

❷ 対話的な学びを生む協働（つながる）

発問：江戸時代にはどうして多くの書物が読まれたのか？

娯楽面	知識面	教育面	技術面
・面白い読み物 ・画家の作品 ・新聞	・教科書 ・新しい情報 ・いろいろな研究	・字が読める人が多い ・教育が発達	・印刷技術の発達 ・本屋の発達 ・交通の発達
○歌舞伎 ○人形浄瑠璃 ○浮世絵	○解体新書 ○古事記伝 ○地図	○寺子屋 ○藩校・私塾 ○国学・蘭学	○木版印刷 ○多色刷り ○五街道

　娯楽面では，歌舞伎俳優の浮世絵や人形浄瑠璃の脚本，また，かわら版といわれた新聞などを関係付けていく。知識面では，杉田玄白の『解体新書』や本居宣長の『古事記伝』などを関係付けたい。また，この時期は旅行もブームであり，ガイドブック的な地図も多く出版されている。地図からは伊能忠敬を結び付けたい。教育面では，当時の人々の識字率の高さから当時の教育機関を関係付けていく。技術面は，当時の日本の印刷技術の方法や都市同士を結ぶ交通網や航路を調べ，多くの書物が広がったことを関係付けていく。

❸ 次時へ見通しをもつ主体的な学び（創り出す）

発問：江戸時代の文化の発展はどのように影響していくのか？

　江戸時代の文化の発展は，その後の幕府の衰退に大きくかかわってくる。文化を調べていく上で，庶民の生活や幕府に対する考え方がどのように変化していくかを想像し，考えをもてるようにしたい。

評 価　評価は以下の場面で考えられる

・②の協働場面での評価…既習をもとに自分の考えをもつことができているか。

・③の場面での評価

【模範解答例】文化が発展したということは庶民の力が強くなったのでは？／現在につながるものが残っているか調べてみたい。

・調べた内容…自分の課題に対して的確に情報を収集し，まとめることができているか（2時間目）。

2章　主体的・対話的で深い学びを実現する！社会科授業づくりの教科書　板書＆展開プラン　81

6 ［町人の文化と新しい学問］

2　江戸時代にはどうして多くの娯楽が楽しまれたのか？

（学習課題No.39・1時間構成）

板　書

❶深い学びを生む学習問題

❷対話的な学びを生む協働

❸次時へ見通しをもつ主体的な学び

アクティブ・ラーニング的学習展開

ICT…現代にも残る歌舞伎など，江戸文化の画像も提示。

❶　深い学びを生む学習問題（かかわる）

発問：江戸時代にはどんな本が読まれたり，親しまれていたのか？

　江戸時代の庶民に多く親しまれたものの一つに「歌舞伎」がある。もとは派手な衣装を着て踊ることを指したが，次第に劇場芸術として発展した。芝居をする役者の浮世絵が出版され，多くの庶民が購入した。このような浮世絵は，歌川広重「東海道五十三次」や葛飾北斎「富嶽三十六景」など多くの作品が出版されている。特に風景画は，この頃力を付けた町人や百姓が，観光をかねて寺や神社へお参りに行く旅をするようになり親しまれたことも挙げられる。また，人形浄瑠璃も歌舞伎と同様に庶民に愛され，「曽根崎心中」などの脚本が出版され，多くの人が購入した。これらの事実から，<u>江戸時代はなぜ，多くの人々が娯楽を楽しむことができたか</u>を課題として提示する。

本時のねらい

【思考力，判断力，表現力等】江戸時代に娯楽が広まった理由を，庶民の生活の安定や教育水準が高かったことから考える。その根底にあるものは江戸時代の200年以上も続く平和であり，この平和がどのように崩れていくのかを想起できる。

❷ 対話的な学びを生む協働（つながる）

発問：江戸時代の庶民はどうして娯楽を楽しむことができたのか？

生活の安定	識字率の高さ
・参勤交代や年貢納入のための交通網の発達（五街道・航路）で産業が発達 ・町の発達（城下町・門前町・港町・宿場町・鉱山町） ・多くの職業（かご屋・古紙買い…） ・農業の発達（農具・新田開発）	・寺子屋の発達（全国に１万） ・読み書きそろばん ・本屋，貸本屋 ・瓦版，読売 平和…200年以上も！

　これまでの時代背景の中で，庶民の中にこれほどまでに娯楽文化や教養文化が広がった例はない。その点の比較をしながら対話を進めていくことが重要である。

　生活の安定は，物質的にもインフラ的にも豊かになったことが原因として挙げられる。交通網や町の発達は，参勤交代や年貢納入（江戸への年貢納入は船で運ばれ，御米蔵＝現・蔵前に運ばれている）から導くことができる。

　日本の識字率の高さ（都市部では100％，全国的にも70〜80％以上）は世界でも特筆すべきもので，この背景には幕府の文書主義が挙げられる。

❸ 次時へ見通しをもつ主体的な学び（創り出す）

発問：江戸時代の平和で安定した生活はどのように変化していくのか？

　幕府が開かれて江戸時代は約200年間（1637年の島原の乱〜1837年の大塩平八郎の乱）は戦乱のない時代であった。これは世界的にも例がない。この平和と安定がなぜ崩れていくのかを子供たちと想起しながら次時につなげていきたい。

評価　評価は以下の場面で考えられる

・②の協働場面での評価…既習をもとに自分の考えをもつことができているか。

・③の場面での評価：次時への予想…複数の視点で幕府の衰退の可能性を捉えているか。

【模範解答例】凶作で財政が不安定になったり，大名が密かに力を付けたりしたから。

6 [町人の文化と新しい学問]

3　新しい学問は社会にどのような影響をもたらしたのか？

(学習課題No40・1時間構成)

❶深い学びを生む学習問題

❷対話的な学びを生む協働

❸次時へ見通しをもつ主体的な学び

アクティブ・ラーニング的学習展開

❶　深い学びを生む学習問題（かかわる）
発問：このグラフからわかることを考えよう。

ICT…グラフの江戸の後半をマスキング。

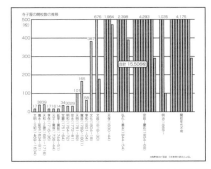

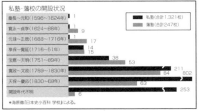

江戸時代の人々は非常に教育熱心であったといえる。左上のグラフは寺子屋の開校数の推移だが、江戸時代後半には1万を超える寺子屋が開校していることがわかる。授業は朝早くから昼過ぎまでで、7歳から15歳ぐらいまでの子供がそれぞれの手本に沿って勉強するのが一般的であった。武士や僧侶、医者などが指導していた。一方、左下のグラフは「私塾・藩校」の開設数である。藩校は武士としての教養を学ぶ場所であり、諸藩に設置された。また、有能な識者が開いた私塾は藩や身分を越えて人々が集まり、様々な学問を吸収する場所であった。<u>江戸後期に激増する藩校や私塾ではどのような学問が教えられ、社会にどのように影響したのか？</u>を考えさせたい。

〈会津藩校…日新館〉

本時のねらい

【知識及び技能】蘭学や国学について調べ，それらが庶民に浸透していくことで，江戸時代後半の政治や社会が大きく揺れ動いたことに気付く。【思考力，判断力，表現力等】また，大塩の反乱から，その後の幕府衰退と関係付けて考えることができる。

❷ 対話的な学びを生む協働（つながる）

発問：どのような学問があり，どのように社会に影響したのか？

蘭学（西洋の学問）	国学（古来の日本人の考え方）
・伊能忠敬…天文学や測量術を学び，幕府の援助で全国を測量し，正確な「大日本沿海輿地全図」を作成した ・杉田玄白・前野良沢…オランダ語の医学書を翻訳し『解体新書』を出版	・本居宣長…古事記を研究し『古事記伝』を出版 ・賀茂真淵…万葉集を研究し『万葉考』を出版

  批判

・日本近海に現れる外国船⇒沿岸警備 ・世界の進んだ学問⇒鎖国批判	・古来より天皇は尊いもの ・幕府の政治への不満

　江戸後期になり洋書の輸入ができるようになる。書物を通して庶民は進んだ西洋文化を知ることになった。そして，この頃から日本近海に外国船が現れ始め，幕府は沿岸の警備を強化し始める。また，この時期，国内はききんに襲われ，物価上昇から百姓一揆や打ちこわしなどが全国で起こり始めていた。幕府への不満と，西洋文化の影響，天皇尊重の考え方が相まって幕府を批判する人々が増えていった。これらと藩校や私塾の増加とを関係付けて考えさせたい。

❸ 次時へ見通しをもつ主体的な学び（創り出す）

発問：大塩平八郎の乱は，どのような影響を与えたか？

　大塩は大阪の役人でありながらも，庶民を救わない奉行所に対し反乱を決行した。島原の乱以来，200年ぶりの戦乱である。この事件から，その後の幕府への影響を考えさせたい。

評価　評価は以下の場面で考えられる

・❷の協働場面での評価…既習事項をもとに自分の考えをもつことができているか。
・❸の場面での評価：次時への予想…幕府崩壊の予想を複数の視点で考えているか。

【模範解答例】役人が反乱するほど幕府の力が衰退している。新しい学問で庶民の不満が大きくなったり，外国が攻めてきたりすれば幕府はひとたまりもない。

6 [町人の文化と新しい学問]

4 江戸の文化についてまとめ，新聞に書こう！

(学習課題No41・1時間構成)

💡 本時のねらい

○単元を通して学んだ江戸時代の町人文化や新しい学問，歴史上の人物について調べ，社会に与えた影響や現代とのつながりを多面的・多角的な視点で捉え，比較・分類・総合しながら，新聞に書き表すことができる。

学習のまとめとして，「新聞製作」を行う。江戸時代には数多くの文化が生まれ，現代とつながっているものも多い（歌舞伎，人形浄瑠璃，相撲，花火，浮世絵，特産物，新聞，藩校，私塾，五街道…）。子供たちが，それらのつながりを見いだし，主体的に調べていくことをねらいとしたい。また，現代とのつながりを感じ，日本文化の尊さを実感できる心を育てたい。

社会的な見方や考え方

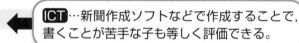

ICT…新聞作成ソフトなどで作成することで，書くことが苦手な子も等しく評価できる。

【空間的な見方・考え方】
・現代の各地の特産の歴史を調べて，江戸時代との関係を見いだす。

【時間的な見方・考え方】
・人物や歌舞伎や人形浄瑠璃などの歴史を調べ，年表などを作成しながら，幕府への影響や現代まで日本文化として守られていることをまとめている。

【相互関係に着目】
・新しい学問，ききんによる一揆の多発，外国船の到来などを関係付けて，幕府の衰退について考えている。

【社会的事象を比較・分類・総合】
・これまでの時代の文化事象と江戸の文化を比べ，どのような特徴の違いがあるかを比較し，総合的にまとめている。

【現代と結び付ける見方・考え方】
・現代に残る地域の特産や文化，藩校などについて関係付けて，まとめている。

🌸 評 価

新聞でのまとめ活動は，ただ教科書や資料集にあることを写し書きして，カラフルにまとめ，見栄えがよいものが高評価されることがあるが，ここでは上記の見方や考え方でまとめているかどうかを新聞の内容から評価することが重要である。

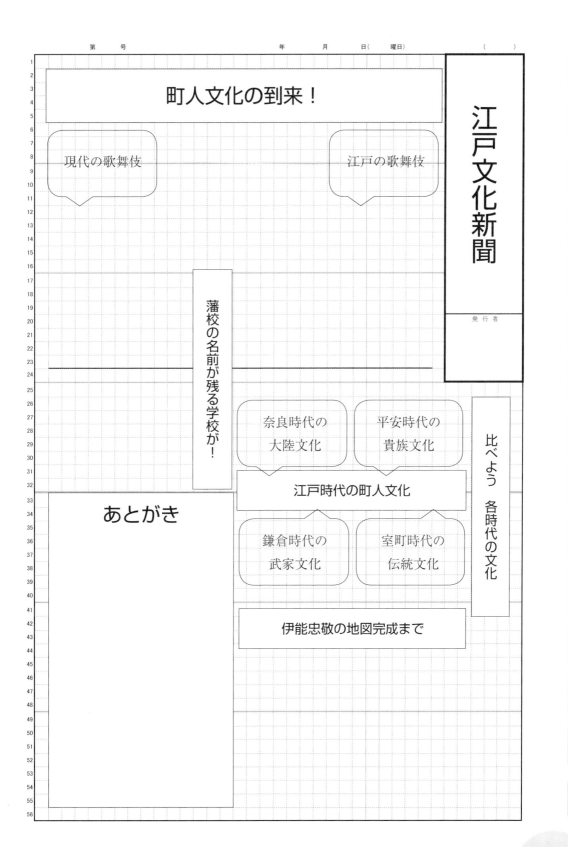

7 [明治維新を進めた人々]

1 江戸の町並みが大きく変わったのはなぜだろうか？

(学習課題No42～43・2時間構成)

板　書

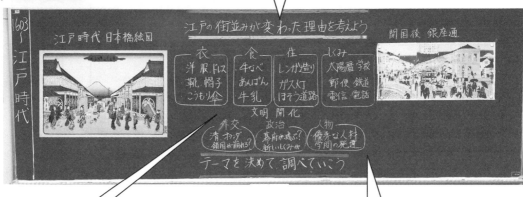

❶深い学びを生む学習問題

❷対話的な学びを生む協働

❸次時へ見通しをもつ主体的な学び

アクティブ・ラーニング的学習展開

❶ 深い学びを生む学習問題（かかわる）

発問：2枚の絵を比較し明治の変化を見つけよう。

1854年に幕府がアメリカと結んだ日米和親条約によって開国する。その影響で，日本に近代化の波が押し寄せ「文明開化」の時代を迎えるのである。ここでは，江戸時代の頃の日本橋の絵図と，開国後の銀座通りの絵図を比較し，どんなことが変化したのかを調べさせる。

ICT…タブレット端末で変化したところに印をして共有化するとよい。

衣	食	住	仕組み
・洋服，ドレス	・牛なべ	・煉瓦造り	・太陽暦　・学校
・靴や帽子	・あんぱん	・ガス灯	・郵便　・鉄道
・こうもり傘	・牛乳	・舗装道路	・電信　・電話

これらの変容から，<u>江戸の町並みがどうして変化したのか</u>という問いを生み，その変化の理由を想像させる。

💡 本時のねらい

【主体的に学習に取り組む態度】2枚の江戸の町並みの絵図から，気付いたことを話し合い，文明開化が起きた理由は何かという学習問題をつくる。また，これまでの日本の状況を踏まえ，その理由を予想し調べる計画を立てることができる。

❷ 対話的な学びを生む協働（つながる）

発問：江戸の町並みが変わった理由を考えよう。

外交	政治	人物
・清やオランダから	・江戸幕府が滅びた	・優秀な人物が現れた
・貿易がさかんになった	・新しい仕組み	・学問の発達
・外国の文化が入ってきた	・鎖国が崩れた	・外国人が教えてくれた

○ペリー来航	○大政奉還	○お雇い外国人
○不平等条約の締結	○明治新政府	○学制

ここでは，町並みが変わったことについて，「外国との関係」「国内の政治」「教育の発達」の三つの視点で考えをもたせたい。その上で次時からの学習につなげていく。

❸ 次時へ見通しをもつ主体的な学び（創り出す）

発問：どんな視点で調べていくか考えをもとう。

調べる前に視点を決めて，子供たちそれぞれに考えをもたせる。これまでの学習内容から，次の事実を取り上げ，想起させるとよい。

・外国船が日本近郊にたくさん来ていた⇒外交面での変化
・大塩平八郎の乱など，幕府に対しての不満⇒江戸幕府滅亡へ
・伊能忠敬や杉田玄白のような優れた人物の影響や学問の発達⇒学校制度や多くの欧米から来た指導者

🌸 評価　評価は以下の場面で考えられる

・②の協働場面での評価…複数の視点で考えることができているか。
・③の場面での評価
【模範解答例】鎖国をしていたのにもかかわらず外国文化が入ってきた理由を調べたい。
・調べた内容…自分の課題に対して的確に情報を収集し，問題解決し，まとめることができているか。

2章　主体的・対話的で深い学びを実現する！社会科授業づくりの教科書　板書＆展開プラン　89

7 [明治維新を進めた人々]

2　ペリーの開国要求によって，日本にはどんな影響があったのか？
(学習課題No.44・1時間構成)

❶深い学びを生む学習問題

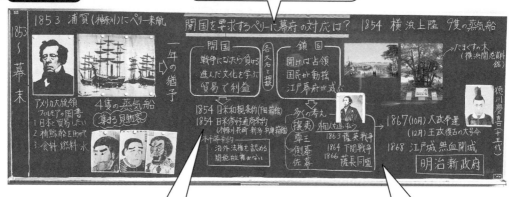

❷対話的な学びを生む協働　　　❸次時へ見通しをもつ主体的な学び

アクティブ・ラーニング的学習展開

❶ 深い学びを生む学習問題（かかわる）
発問：ペリー上陸の絵図からわかることは何か？

横浜に来航したペリー上陸の絵図である。この絵図から，当時の状況を読み取っていきたい。左右に整然と並ぶのはアメリカの兵隊であり，国旗も確認できる。その中央からまっすぐに歩いてくるのがペリー提督である。また，海上には大きな蒸気船が並んでおり，アメリカの船であることがわかる。当時の日本にはこのような大きな船が接岸できる港がないため，アメリカ人はバッテーラと呼ばれる小型のボートで横浜に上陸した。ペリーは1853年に4隻の船で来日し，翌年には9隻もの大型船で日本にやってきている。一方，絵図に描かれている日本人は，着物姿の武士や見物で物珍しそうに集まってきた人々。そして，海上に描かれる小さな日本の船。日本とアメリカの国力の差がこの絵図からうかがえる。開国を要求するペリーが日本に与えた影響は何か？を考えさせたい。

本時のねらい

【思考力，判断力，表現力等】江戸幕府が倒れた経緯について調べ，新しい世の中に変わっていったことを理解し，開国の道を選んだ幕府の政策を多面的・多角的に判断する。

❷ 対話的な学びを生む協働（つながる）

発問：開国を要求するペリーに日本では何が起きたか？

開国するべき	鎖国を維持
・戦争になったら負ける	・断れば占領される
・進んだ文化を学ぶべき	・国民が動揺する
・貿易をする	・江戸幕府が滅びる

○1854　日米和親条約（箱館・下田） 　　　250年の鎖国政策が終焉 　　　以後⇒英・露・蘭とも結ぶ ○1858　日米修好通商条約 　　　（神奈川・長崎・新潟・兵庫・大阪） 　　　以後⇒英・露・蘭・仏とも結ぶ	○多くの考えが生まれる ・攘夷〜外国人を打ち払う ・尊皇〜天皇を尊ぶ ・倒幕〜幕府を倒す ・佐幕〜幕府を助ける ・公武合体〜朝廷と幕府を結ぶ

幕府側	倒幕側
1867（10月）大政奉還 1867（12月）王政復古の大号令 1868　江戸城無血開城	薩摩藩（大久保利通）⇒薩英戦争（1863） 長州藩（木戸孝允）⇒下関戦争（1864） 1866　薩長同盟　倒幕へ

　子供たちには当時の幕府や藩の立場になって考えさせたい。開国するか鎖国を維持すべきかの理由を考えながら，当時の様相を調べていく。幕府側や諸藩側の立場に立ち，多角的に江戸幕府の最期を理解させる。

❸ 次時へ見通しをもつ主体的な学び（創り出す）

発問：結果として開国はよかったのか，自分の考えを書こう。

　年表を調べながら学んだことをもとに，幕府の決断を子供たち自身に評価させ，判断力を問う。多角的・多面的な考えを期待したい。

 評価は以下の場面で考えられる

ICT…タブレットに記入し，一覧表示し，互いの考えを共有する。

・❸の場面での評価

【模範解答例】賛成。反対すれば圧倒的な武力の差で占領されたかもしれないし，新しい文化を吸収しなければ，世界の中でますます遅れるから。

7 ［明治維新を進めた人々］

3 明治政府はどのような国づくりを目指したのか？

(学習課題№45・1時間構成)

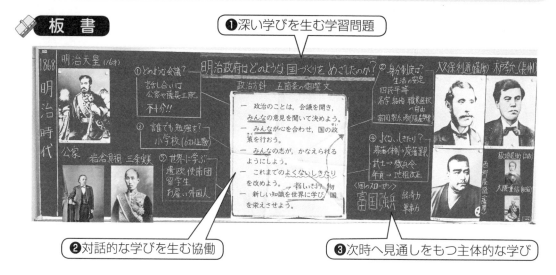

❶深い学びを生む学習問題
❷対話的な学びを生む協働
❸次時へ見通しをもつ主体的な学び

アクティブ・ラーニング的学習展開

❶ 深い学びを生む学習問題（かかわる）

発問：政府が示した方針にはどんなことが書いてあるか？

〈五箇条の御誓文〉
① 政治のことは、会議を開き、みんなの意見を聞こう。
② 国民みんなが心を合わせ、生活を安定させよう。
③ 国民みんなの志がかなえられるようにしよう。
④ これまでのよくないしきたりを改めよう。
⑤ 新しい知識を世界に学び国を栄えさせよう。

王政復古で朝廷に政権が戻ったが、明治天皇は今でいう中学生の年齢であった。そのため、新政府は公家の岩倉具視、三条実美、薩摩藩の大久保利通、西郷隆盛、長州藩の木戸孝允、伊藤博文、土佐藩の板垣退助、肥前藩の大隈重信らが中心になって組織された。明治新政府がどのような国づくりを目指したのかを五箇条の御誓文で読み取らせたい。

①…どのように会議や選挙を行ったのか？　②…みんなとは誰か？　身分制度は？　生活の安定とは？　③…志がかなうとは？　誰でも自由に勉強ができたのか？　④…これまでのよくないしきたりって？　⑤…新しい知識とはどういうことか？
といった問題意識をもたせ、調べるようにしたい。<u>明治新政府はどのような国づくりを目指したのか？</u>という学習問題を設定する。

本時のねらい

【知識及び技能】明治新政府がどのような国づくりを目指したのかを調べ，五箇条の御誓文に照らし合わせ，分類し，総合的に捉え，政府の方針を多面的に考えることができる。

❷ 対話的な学びを生む協働（つながる）
発問：明治政府はどのような国づくりを目指したのか？

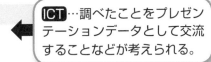
ICT…調べたことをプレゼンテーションデータとして交流することなどが考えられる。

①どのような会議？	②身分制度は？　生活の安定は？
・話し合いは公家や薩長土肥が政治の中心	・四民平等 ・名字，結婚，職業選択の自由 ・富岡製糸場〜殖産興業
③誰でも勉強を？	④よくないしきたりを改める？
・小学校（6歳以上の男女）	・幕藩体制⇒廃藩置県 ・武士⇒徴兵令 ・年貢⇒地租改正
⑤世界に学ぶって？	国のスローガン
・遣欧使節団，留学生 ・お雇い外国人	富国強兵…経済力と軍事力を強化し，欧米諸国に追いつくことに重点

　明治政府の政策を五箇条の御誓文と照らし合わせて，調べていくようにする。仲間とジグソー学習的に調べ，整理しながら政府がどんな国づくりを目指していたのかを話し合わせる。そこで「富国強兵」を目指した政府の方針をまとめていくようにする。

❸ 次時へ見通しをもつ主体的な学び（創り出す）
発問：明治新政府が目指した国はどのようなものか？

　②で調べてまとめたことをもとに，明治新政府の方針を考える。単純に，強い国をつくろうとしたということではなく，政策を総合的に捉え，富国強兵につながる国づくりを理解させていく。

評価　評価は以下の場面で考えられる
・②の協働場面で評価…調べたことを分類することができているか。
・③の場面での評価

【模範解答例】明治新政府は，文明が発展している欧米諸国に対抗するために，欧米の文化を学び，国内の生活や産業を発展させることを重要視した。また，戦争になっても負けないように，武士ではなく，軍隊をつくり，強い国づくりを目指した。

7 [明治維新を進めた人々]

4　新政府の改革に，どのような不満があったのか？

(学習課題No46・1時間構成)

📌 **板　書**

❶深い学びを生む学習問題

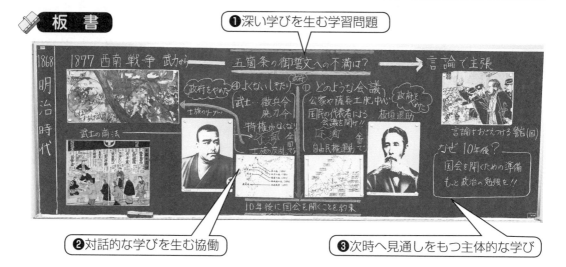

❷対話的な学びを生む協働　　　　❸次時へ見通しをもつ主体的な学び

アクティブ・ラーニング的学習展開

❶　深い学びを生む学習問題（かかわる）
発問：西南戦争の図絵からどんなことが
　　　わかるか？

> **ICT**…九州における西南戦争の進路を提示。

　右上の絵は1877年の西南戦争を描いたものである。外国との戦いだと思う子供もいるであろうが，絵図をよく見ると日本人同士が戦っていることがわかる。右側は，その出で立ちから武士であることがわかり，左側の黒ずくめの制服に鉄砲を持っているのが徴兵令で集められた新政府軍である。

西南戦争は，武士が起こした反乱の最後にして最大のものであるが，この時期に各地で武士が反乱を起こした理由や，新政府が誕生した頃，どのような反乱や不満があったのかを，右下の図の「武士の商法」なども参考に考えさせたい。<u>明治新政府への不満はどんなものがあったのか？</u>という学習問題を設定する。

【知識及び技能】 政府に不満をもつ人々の行動について調べ，武力から言論で主張するようになった当時の様子を理解する。

❷ 対話的な学びを生む協働（つながる）

発問：五箇条の御誓文で不満がありそうなのは？

④よくないしきたりを改める？	①どのような会議？
・武士⇒徴兵令，刀も捨てる	・話し合いは公家や薩長土肥が政治の中心
⬇	⬇
・それまで特権のあった武士にとっては，困ることが多くなり不満が増える	・国民の代表者による会議を開いてほしいと言論で訴える人々が増える
各地で反乱	各地で国会開設の署名
1877 西南戦争（西郷隆盛）	自由民権運動（板垣退助）

　五箇条の御誓文から「武士の不満」と「国会開設」についてに焦点化し調べていく。明治に入り，身分制度が改められ，多くの特権を失った武士は，自分の力で生活をせねばならず，不慣れな商売などを行い不満が募っていた。その頃，政府の中でも，もめごと（征韓論）があり，西郷や板垣は政府を辞めている。その影響もあり，各地士族の反乱が起き，その最後が西南戦争であった。同時に徴兵による政府軍の基礎が固まるきっかけになる。この後，政府への不満は武力ではなく言論で行われるようになり，西郷と同じく政府を辞めた板垣退助が中心となり国会開設の運動が全国に広まっていくのである。

❸ 次時へ見通しをもつ主体的な学び（創り出す）

発問：10年後に国会を開くことを約束した政府にはどんな思いがあったのか？

　板垣を中心とする自由民権運動が盛んになってきたため，政府は1881年に明治天皇による「国会開設の詔」の形で1890年に国会を開くことを約束した。政府がなぜ国会の開設を約束したのか？　なぜ10年も期間があったのかを政府の立場になって考え，判断させたい。

評価　評価は以下の場面で考えられる

・②の協働場面での評価…調べたことを分類整理することができているか。

・③の場面での評価

【模範解答例】 明治新政府は，国民の意見が大きくなってきたことに不安を感じ，国会を開くことを約束した。しかし，どのように会議を開けばよいかを計画し，準備するために10年の期間を必要としたのだと思う。

7 [明治維新を進めた人々]

5　国会開設前に，どんな準備をしていったのか？

(学習課題No47・1時間構成)

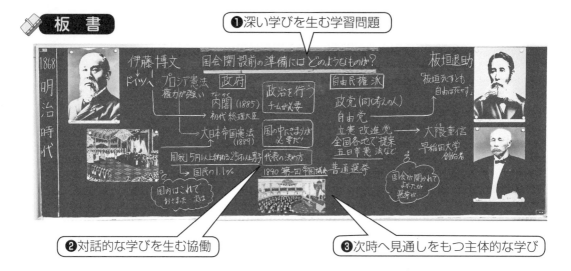

❶深い学びを生む学習問題
❷対話的な学びを生む協働
❸次時へ見通しをもつ主体的な学び

アクティブ・ラーニング的学習展開

❶　深い学びを生む学習問題（かかわる）
　発問：この絵からわかることは？

ICT…伊藤博文，板垣退助の肖像画が入っているお札を提示。

　下の絵は帝国議会の様子である。この絵を子供たちに提示して，気が付いたことを話し合い，課題を見つけていく。

・男性ばかりが集まっている。
・話し合いをしているようだ。
・見ている人もいる。
・前の方に偉そうな人たちがいる。

などと問いを生み，1890年に始まる「第一回帝国議会」を意識させることができる。

　この絵は貴族院の本会議の様子であるが，貴族院は皇族や華族，天皇が選んだ人たちで構成された高額納税者であった。前の方に座っているのは大臣たちで，内閣である。また，貴族院本会議場には天皇の居場所がある（これは現在の参議院にも通じる）。このような会議が始まる上でどのような準備があったのかを予想させ，調べ学習に取り組ませたい。<u>国会開設前に，政府や人々はどのような準備をしたのか？</u>という学習問題を設定する。

96

本時のねらい

【知識及び技能】政府に不満をもつ人々の行動について調べ，武力から言論で主張するようになった当時の様子を理解する。

❷ 対話的な学びを生む協働（つながる）

発問：国会開設前の準備にはどのようなものがあったのか？

自由民権派		政府
政党		内閣
自由党：板垣退助 立憲改進党：大隈重信	政治を行うチームが必要だ	総理大臣：伊藤博文
五日市憲法など（各地で）	国のきまりが必要だ	ドイツの憲法を手本に
		大日本帝国憲法
選挙 士族や平民に参政権を	どうやって代表を 決めるとよいか	選挙 一定の税金・25才以上の男子

　絵から挙げた課題を視点として，自由民権派と政府に分けて調べていくとよい。政府側の中心であった伊藤博文はヨーロッパに渡り，ドイツの国政を模範とし，国会を開設するに当たり，それまでの「太政官制」よりも，大臣の数が多く権限が強い「内閣制度」を行政機関とする。また，君主制の国であるドイツのプロシア憲法を手本として，天皇中心の「大日本帝国憲法」を作成する。一方，板垣や大隈は政治に対する同じ考え方をもつ人々で「政党」をつくり，自由民権派は全国各地で憲法の草案を作成した。

❸ 次時へ見通しをもつ主体的な学び（創り出す）

発問：1890年に帝国議会が開かれたとき，国民はどう感じたのだろうか？

　1890年に衆議院の選挙が行われた。このときの選挙権は，一定の税金を納めた25才以上の男子であり，これにあてはまるのは国民の1.1%であった。この事実を提示した上で当時の国民の意識を考えさせたい。

評　価　　評価は以下の場面で考えられる

・②の協働場面での評価…調べたことを分類することができているか。

・③の場面での評価

【模範解答例】政治のことは会議を開き，話し合うという約束の形はできあがった。しかし，天皇が中心であったり，選挙権をもつ人が国民の1.1%であることを考えると，改善しなければいけないことがまだありそうだ。

2章　主体的・対話的で深い学びを実現する！社会科授業づくりの教科書　板書＆展開プラン

7 ［明治維新を進めた人々］

6　明治維新の時代をまとめ，新聞に書こう！

（学習課題№48・1時間構成）

本時のねらい

○単元を通して学んだ明治維新における日本の近代化を，富国強兵，殖産興業といった多面的な視点で捉え，比較・分類・総合しながら，新聞に書き表すことができる。

　学習のまとめとして，「新聞製作」を行う。ここでは開国によって西洋化し，国の仕組みや人々の生活が近代化していく要件となったものを整理し，まとめていきたい。難語句が増えているので，言葉の意味を確認させながら進めさせたい。

アクティブ・ラーニング的記事作成

社会的な見方や考え方

ICT…当時の写真などの資料が多く残っているので，著作権などを調べて上手につかわせたい。

【空間的な見方・考え方】

・開国によって開かれた港，廃藩置県によって変わった国内の様子，国内にできた官営工場などを調べて，表現している。

【時間的な見方・考え方】

・短い期間で，日本が近代化していったことを調べ，年表などを作成しながら，生活がどのように変化したのかを考え，表現している。

【相互関係に着目】

・開国，文明開化，不平等条約，富国強兵，殖産興業などを関係付けて，日本が近代化したことを理解している。

【社会的事象を比較・分類・総合】

・明治維新の数々の政策を「富国強兵」「殖産興業」に分類し，多面的に日本の近代化の様子をまとめている。

【現代と結び付ける見方・考え方】

・明治期にできた官営工場を調べ，富岡製糸場やサッポロビール工場など，現代に残る地域の産業と関係付けて考えることができる。

評価

　新聞でのまとめ活動は，ただ教科書や資料集にあることを写し書きして，カラフルにまとめ，見栄えがよいものが高評価されることがあるが，ここでは上記の見方や考え方でまとめているかどうかを新聞の内容から評価することが重要である。

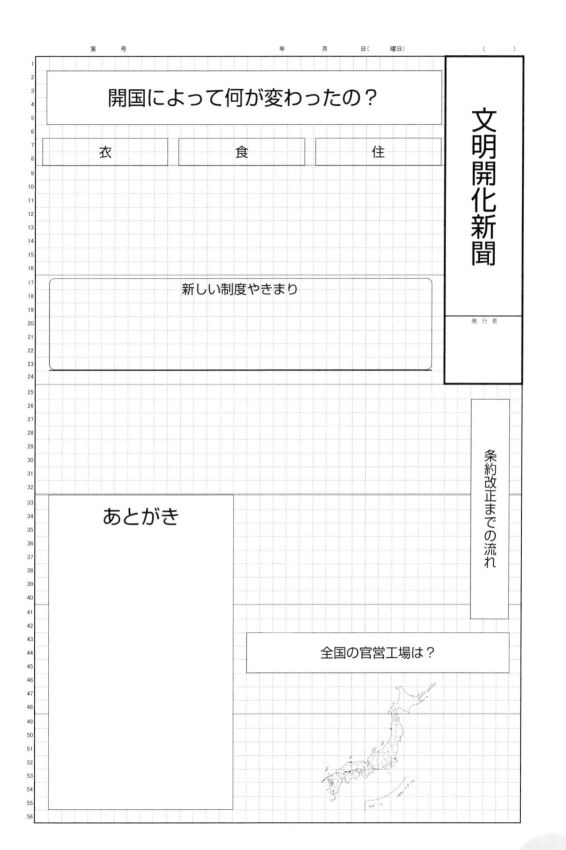

8 ［二つの戦争と日本の発展］

1 日本の立場が大きく変わっていったのはなぜだろうか？

(学習課題No.49〜50・2時間構成)

板書

❶深い学びを生む学習問題

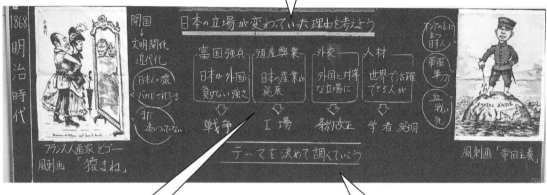

❷対話的な学びを生む協働　　❸次時へ見通しをもつ主体的な学び

アクティブ・ラーニング的学習展開

❶ 深い学びを生む学習問題（かかわる）

発問：2枚のビゴーの絵からどんなことが見えてくるか？

日本が近代国家としてその地位を確立するのは，二つの戦争に勝利し，幕末に結んだ不平等条約の改正を果たしたことにある。この時代の日本の様子を学ぶには，5枚の「ビゴーの風刺画」を提示するとよい。ビゴーは，フランス人風刺画家で，日本美術に憧れ，明治15年に来日し，その後17年間，報道画家として日本の世相を伝える多くの風刺画を残している。彼が残した絵が，当時の客観的な資料として非常に価値があることを子供たちに説明する。その上で，まず2枚の風刺画を紹介する。

①『猿まね』…鏡の向こうに猿の顔　　②『アジア帝国』…アジアに立つ軍人

この2枚の風刺画は，子供でも容易に当時の日本を想像することができる。①は外国の真似ばかりして，内実が伴っていない日本，②は戦争で力を付けた日本と解釈することができる。ここから，<u>なぜ日本の立場が大きく変わったのか</u>という問いを生む。

100

本時のねらい

【主体的に学習に取り組む態度】2枚のビゴーの絵から，気付いたことを話し合い，日本の立場が大きく変わった理由は何かという学習問題をつくる。また，これまでの日本の状況を踏まえ，その理由を予想し，調べる計画を立てることができる。

❷ 対話的な学びを生む協働（つながる）

発問：日本の立場が変わった理由を考えよう。

富国強兵	殖産興業	外交	人物
・日本が外国に負けない国に	・日本の産業が発展	・外国と対等な立場に	・優秀な人物が現れた
○日清戦争 ○日露戦争	○紡績工場 ○八幡製鉄所	○日英同盟 ○条約改正	○野口英世 ○新渡戸稲造

　ここは難語句が多く出てくる単元なので，学びの見通しをしっかりともたせたいところである。日本の国際的な立場が変わった理由を調べる際に，仲間と交流し，考えを広げ，四つの視点を見いださせたい。これらの視点は明治に入ってから付加されてきたもので，子供たちに身に付けさせたい視点である。

❸ 次時へ見通しをもつ主体的な学び（創り出す）

発問：どんな視点で調べていくか考えをもとう。

　調べる前に視点を決めて，子供たちそれぞれに考えをもたせる。その際，これまでの日本の成長…ここでは文明開化から明治維新の様子を想起させ，そこにある課題からこれ以降の日本の成長の過程を予想させたい。

ICT…タブレット端末で自分の考えを明記し，閲覧表示。色分けなどするとよい。

評価　評価は以下の場面で考えられる

・②の協働場面での評価…既習をもとに自分の考えをもつことができているか。

・③の場面での評価

【模範解答例】明治以降，日本は政治の仕組みも整い，大きな発展を遂げたけど，条約改正という課題がまだあると思うので，どのように条約を改正することができたのかを調べたい。

・調べた内容…自分の課題に対して的確に情報を収集し，まとめることができているか（2時間目）。

2章　主体的・対話的で深い学びを実現する！社会科授業づくりの教科書　板書&展開プラン　101

8 ［二つの戦争と日本の発展］

2　二つの戦争によって，日本の立場はどのように変わったのか？

(学習課題№51・1時間構成)

板書

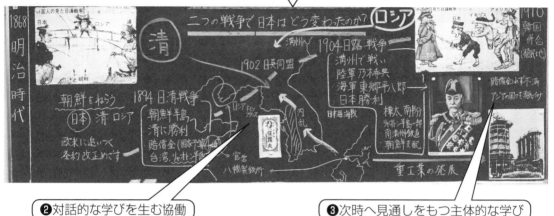

❶深い学びを生む学習問題
❷対話的な学びを生む協働
❸次時へ見通しをもつ主体的な学び

アクティブ・ラーニング的学習展開

❶ 深い学びを生む学習問題（かかわる）
発問：2枚のビゴーの絵から何がわかるか？

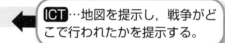
ICT…地図を提示し，戦争がどこで行われたかを提示する。

　1枚目は『漁夫の利』である。この風刺画は，当時の日本，中国，ロシアが，朝鮮を植民地化しようという状況を釣りにたとえ，表している。欧米諸国と不平等な関係にある日本にとって，それらの国に追いつくためには，欧米諸国同様，他国へ進出することが必要であった。この日清戦争の結果を調べることで，清から賠償金を取り，領土を増やしたことを押さえ，国内も産業が発達したことに気付かせる。

　2枚目は『日本をロシアにけしかけるイギリス』である。日清戦争後の日本は，すでに欧米諸国に認められる存在となった。絵からわかるように，イギリスやアメリカの協力もあり，ロシアと戦ったことが読み取れる。この二つの戦争を通し，日本がどのように変化したのかを考えさせたい。

本時のねらい

【知識及び技能】 日本が朝鮮や満州の支配をめぐって，清やロシアと戦争をしたことを理解し，その結果，国力が充実し，欧米諸国と肩を並べる国となったことに気付く。

❷ 対話的な学びを生む協働（つながる）

発問：二つの戦争で日本はどう変わったのか？

日清戦争	日露戦争
・朝鮮半島で勃発 ・清に勝利⇒不平等条約 ・多額の賠償金（前年国家予算の４倍） ・台湾などを植民地に	・三国干渉（ロシア・ドイツ・フランス） ・日英同盟 ・東郷平八郎，与謝野晶子 ・樺太南部，南満州鉄道獲得
○清国に勝つことで朝鮮に対する影響力を強めた ○多額の賠償金で兵器⇒八幡製鉄所	○欧米諸国に認められる ○アジアの国々を勇気付ける ○産業が発展

　二つの戦争で世界の中における日本の存在は大きく変わる。清は国土的にも歴史的にも大国であり，巨大な富もあったために列強から一目置かれていた。一方小国日本は，列強の国々に植民地化されることを防ぐために，朝鮮が狙われるのを阻止したかった。その結果起きたのが日清戦争であり，この勝利で日本は巨額の賠償金を勝ち取り，軍事力を増大させることで国内の重工業を発展させた。列強の一つであったロシアとの日露戦争では，重工業の発展で軍事力が増し，また陸軍の乃木希典や海軍の東郷平八郎など優秀な軍人の活躍で勝利し，欧米諸国に負けない国として地位を確立したといえる。

❸ 次時へ見通しをもつ主体的な学び（創り出す）

発問：当時の国民の気持ちはどのようなものであったか。

　欧米諸国がアジアの国々を植民地化している事実から，戦いに勝ち，なおも国内の産業を発展させていく日本の姿は，東郷のように英雄化され，反戦思想よりも世論は戦争継続を訴えている。

評　価　　評価は以下の場面で考えられる

・②の協働場面での評価…既習をもとに自分の考えをもつことができているか。

・③の場面での評価

【模範解答例】 戦争は今ではよくないことだが，当時は欧米諸国に追いつくことや産業が発展するために戦争を肯定する人が多かったと思う。

2章　主体的・対話的で深い学びを実現する！社会科授業づくりの教科書　板書＆展開プラン　103

8 ［二つの戦争と日本の発展］

3　条約改正はどのように行われたのか？

(学習課題No.52・1時間構成)

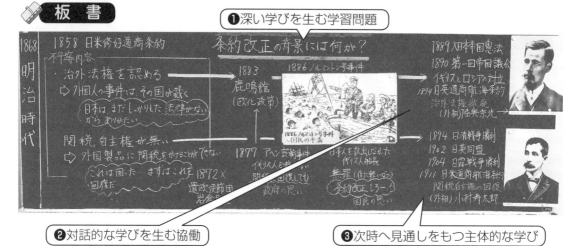

アクティブ・ラーニング的学習展開

❶ 深い学びを生む学習問題（かかわる）
　発問：ノルマントン号事件の風刺画を読み解こう。

> **ICT**…治外法権や関税自主権は、動画クリップを活用。難解な言葉をわかりやすく説明。

　この風刺画は、ビゴーが、イギリスが日本と条約改正を進めようとしていることを批判したものである。1886年イギリスのノルマントン号船長が日本人を救出しなかったにもかかわらず、処罰を受けなかった。当時の人々は「治外法権を認める」ことは、それほど不平等とは感じていなかった。かえって外国人の事件は、その国が裁いてくれることをありがたく思っていたところもあった。しかし、この事件の発生で、日本人は「治外法権の撤廃」を強く求めるようになった。フランス人ビゴーは、このノルマントン号事件でのイギリスの対応の悪さによって、日本人の条約改正の意識を高めてしまったことについて風刺したのである。それほど、この条約は特権だったのである。

　したがって、条約改正もまた日本が欧米諸国と同等の立場となるための必須条件であった。ここから、日本はどのようにして条約改正を成し遂げることができたのか？という学習問題を立てていく。

本時のねらい

【思考力，判断力，表現力等】日本が国力をあげていく背景の中で，条約改正を進め，治外法権の撤廃や関税自主権を回復させたことを，年表の事実と関連させて考えることができる。

❷ 対話的な学びを生む協働（つながる）

発問：条約改正の背景にはどのようなものがあったのか？

1894　治外法権の撤廃	1911　関税自主権の回復
・1883　鹿鳴館建築（欧化政策） ・1885　内閣制度 ・1890　帝国議会 ・イギリスとロシアの対立	・1894〜95　日清戦争に勝利 ・1902　日英同盟 ・1904〜1905　日露戦争に勝利 ・1910　韓国併合
○日英通商航海条約（陸奥宗光）	○日米通商航海条約（小村寿太郎）

　日本の条約改正のための取り組みは，岩倉具視の遣欧使節団に始まる。はじめ，日本は関税自主権の回復を目指していた。これは日本が当時，欧米諸国に見られる近代諸法典の整備が困難であったために治外法権の撤廃は難しいと判断したからである。しかし，イギリス商人による阿片密輸事件が起きた際に，イギリス領事裁判法廷は無罪としたことから，関税自主権が回復しても，法権の回復がなければ国家の威信が保てないことに気付く。その後，日本は治外法権の撤廃を優先事項として交渉を始めた。交渉は難航していたが，イギリスがロシアの東アジアへの南下政策に対抗したことや，日本がアジアにおいて最大の軍事大国になろうとしていることから日本に歩み寄るようになり，治外法権の撤廃に成功した。その後，日本は二つの戦争の勝利を経て，ポーツマス条約の際に，頑固で冷静な交渉を行った小村寿太郎が，アメリカと関税自主権の回復を果たす。

❸ 次時へ見通しをもつ主体的な学び（創り出す）

発問：条約の改正で日本はどのように変化したのか。

　条約改正により，日本は欧米諸国と対等な立場となり，アジア最大の国となっていく。同時に日本は欧米諸国と同じように自国の利益や領土を拡大する道を歩んでいくことを，ビゴーの絵を想起し予想させたい（1時間目…ビゴー作「アジア帝国」）。

評価　評価は以下の場面で考えられる

・②の協働場面での評価…年表の事実を関連させて自分の考えをもつことができているか。

・③の場面での評価

【模範解答例】条約改正によって日本はようやく欧米諸国に追いつくことができた。しかし，軍事力が大きくなっているために，また戦争を起こすことが心配される。

2章　主体的・対話的で深い学びを実現する！社会科授業づくりの教科書　板書＆展開プラン　105

8 ［二つの戦争と日本の発展］

4　日本はどのように世界に進出したのか？

(学習課題No.53・1時間構成)

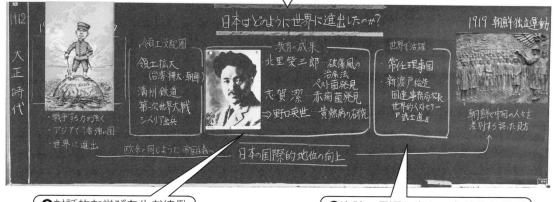

❶ 深い学びを生む学習問題

❷ 対話的な学びを生む協働

❸ 次時へ見通しをもつ主体的な学び

アクティブ・ラーニング的学習展開

❶ 深い学びを生む学習問題（かかわる）
発問：このビゴーの絵は何を表しているのか？

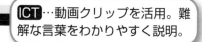

ICT…動画クリップを活用。難解な言葉をわかりやすく説明。

　日露戦争に勝利し，条約を改正した日本は，欧米諸国と肩を並べ，一等国の仲間入りをした。そんな日本をフランス人風刺画家のビゴーは左の絵のように描いている。いかにもふてぶてしい顔，軍服，軍刀からしたたる血，海に浮かぶドクロ，背景の黄色（当時，黄禍論といってアジアの黄色人種の強大化を警戒，差別する考え方があった）…どう見ても好意的には描いていない。軍事的，暴力的なイメージが伝わってくるはずである。この絵の意味を解くためには足元の文字を知る必要がある。フランス語で書かれた「EMPIRE　D'ASIE」は"アジア帝国"と訳することができる。ビゴーにとっては，日本がアジアの中で，軍事力を背景に最も力を付けた国に映っていたのであろう。明治維新から40年，日本が大きく変貌したことを実感させたい。

　この後，日本はどのように世界に進出していったのか？といった問いを醸成し，学習問題として設定する。

本時のねらい

【知識及び理解】日本の世界進出について多面的に調べ、日本の国力が充実し、国際的地位が向上したことを理解する。【思考力，判断力，表現力等】また、それによって、今なお続くアジア諸国との関係性についても考えることができる。

❷ 対話的な学びを生む協働（つながる）

発問：日本はどのように世界に進出していったのか？

領土，支配圏の拡大	教育の成果	世界で活躍
・台湾や南樺太を領土 ・南満州鉄道 ・第1次世界大戦 ・シベリア出兵 ・朝鮮を併合 　→過度な日本教育 　→土地を奪う	・北里柴三郎…破傷風の治療法・ペスト菌発見 ・志賀潔…赤痢菌の発見 ・野口英世…梅毒や黄熱病の研究。デンマーク，アメリカ，エクアドル，ガーナで活躍	・国際連盟常任理事国 ・新渡戸稲造…著書『武士道』世界的ベストセラー，国連事務局次長
日本の国際的地位の向上		

　日本の国際進出を三つの視点でまとめていく。一つは、戦争を経て広げていった領土の獲得。日本も欧米諸国と同じように「帝国主義」の立場をとり、植民地を獲得していく。アジアの中で最も力をもったことに注目したい。また第1次世界大戦では日英同盟のもと、イギリス側に立ち戦争に参加。ドイツに宣戦布告し、太平洋上のドイツ領南洋諸島を占領している。この戦争の影響で日本は輸出が増え、好景気を迎えた。科学の発展では、国の政策によって欧米の近代技術が導入され、医学、物理学、薬学などで世界的な研究がなされている。このように日本の立場が世界の中で認められるようになり、国際連盟では戦勝国として常任理事国となり、国連においても日本の影響力が増し、国際的地位が向上したのである。

❸ 次時へ見通しをもつ主体的な学び（創り出す）

発問：この頃の日本の世界進出をどう考えるか？

　国力の充実は日本にとっては重要なことであったが、その結果起きたアジア諸国との軋轢についても捉えておきたい。朝鮮での独立運動「3・1運動」などの事実を伝え、現代における日朝の問題について考えさせたい。

〈3・1運動を行ったタプコル公園のレリーフ〉

　評価は以下の場面で考えられる

・❷の協働場面での評価…日本の世界進出を多面的に調べてまとめることができているか。
・❸の場面での評価

【模範解答例】国際的な地位の確立は嬉しいことだが、朝鮮の人々を深く傷つけた事実もまたあることを忘れてはならない。

8 [二つの戦争と日本の発展]

5　人々にはどのような不満があったのか？

(学習課題No.54・1時間構成)

板書

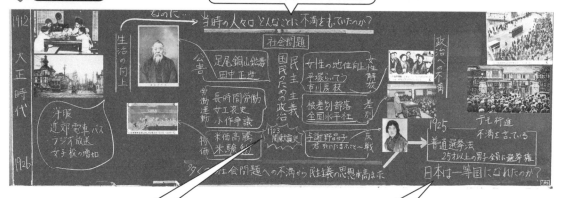

❶深い学びを生む学習問題
❷対話的な学びを生む協働
❸次時へ見通しをもつ主体的な学び

アクティブ・ラーニング的学習展開

❶ 深い学びを生む学習問題（かかわる）
発問：2枚の写真から当時の人々の様子を考えよう。

> ICT…それぞれの社会問題に関する画像を提示。

　二つの戦争での勝利，不平等条約の改正など欧米諸国と肩を並べ，一等国の仲間入りをした日本は，大正時代（1912～1926年）に入ると，都市を中心に洋服の普及，近郊電車やバスなどの交通の発達，ラジオ放送なども始まり，近代的な生活となった。またこの頃，中学校，女学校，高等学校，大学，専門学校の数が増加し，教育や学問の広がりも大きくなった。日本の科学技術が発展したこともこの事実に起因するといってもよい。

　このように，事実認識を確認していくと，日本国内の生活は豊かになっているように子供たちは考える。そこで，右の写真を提示する。これは，国会議事堂前に集まる民衆のデモの様子である。この時代，生活の向上とは別に，様々な社会問題が発生し，民衆の中に政治に対する不満が大きく巻き起こった事実を提示する。そこから，生活も豊かになってきたのに，なぜ，民衆の中には不満があったのか？を課題として調べていく。

💡 本時のねらい

【知識及び技能】大正時代の社会問題について多角的に調べ、国際的地位が向上した日本であったが、国内的には多くの問題があったことを理解する。【思考力、判断力、表現力等】また、その解決のために民衆の中に民主主義の考えが広まったことを関連付ける。

❷ 対話的な学びを生む協働（つながる）

発問：人々にはどのような不満があったのだろうか？

公害問題	労働問題	女性解放運動
・足尾銅山鉱毒事件 ・田中正造	・長時間労働 ・女工哀史 ・小作争議	・女性の地位向上 ・平塚らいてう ・市川房枝
差別問題	物価の上昇	反戦思想
・被差別部落問題 ・全国水平社	・米価の高騰 ・米騒動	・与謝野晶子 　君死にたまふこと〜

1923　関東大震災で不満がさらに大きく

民主主義の高まり

1910年代から1920年代にかけて、上記のような社会問題が国内で問題化していく。これは、教育を受けた人々が増えたことや、新聞・雑誌などの普及、吉野作造による『民本主義』の提唱によって、政治面、社会面、文化面において「民主主義」の思想が広まっていったことが背景にある。1923年に発生した「関東大震災」によって、経済が深刻な不況に突入したことで、民主主義の高まりは普通選挙運動となり、1925年の普通選挙法の成立を導いた。

❸ 次時へ見通しをもつ主体的な学び（創り出す）

発問：日本は一等国になれたのだろうか？

本単元のまとめである。条約改正を目標に、富国強兵、殖産興業を掲げ、欧米諸国の仲間入りし、国内における社会問題も民主主義の発達により「普通選挙法成立」という形で収束する。これらの事実認識から、子供たちに価値判断を問いたい。

🌹 評価　　評価は以下の場面で考えられる

・②の協働場面での評価…当時の社会問題を多角的に調べてまとめることができているか。
・③の場面での評価

【模範解答例】一等国とはいえない。条約を改正し、欧米諸国と肩を並べたが、まだ民主主義の政治を行うことができていないから。

8 ［二つの戦争と日本の発展］

6 日清・日露戦争と大正時代をまとめ，新聞に書こう！

(学習課題№55・1時間構成)

本時のねらい

○単元を通して学んだ明治時代・大正時代の日本の成長を，富国強兵，殖産興業，条約改正，国際進出といった多面的な視点で捉え，比較・分類・総合しながら，新聞に書き表すことができる。

学習のまとめとして，「新聞製作」を行う。ここでは日本が国際社会に進出していく要件となったものを整理し，まとめていきたい。難語句が増えているので，言葉の意味を確認させながら進めさせたい。

アクティブ・ラーニング的記事作成

社会的な見方や考え方

◀ ICT…当時の写真などの資料が多く残っているので，著作権などを調べて上手につかわせたい。

【空間的な見方・考え方】

・日清・日露戦争や第1次世界大戦で日本がどのように進出し戦ったか，戦争に勝ってどの地域を領有することになったかなどを調べて理解している。

【時間的な見方・考え方】

・朝鮮や台湾と現在の日本の関係を調べ，年表などを作成しながら，現在も残る国交の問題や国民の意識についてまとめている。

【相互関係に着目】

・戦争での勝利，産業の発達，条約改正，国際進出などを関係付けて，日本がアジアを中心に力を付け，欧米諸国と肩を並べたことを理解している。

【社会的事象を比較・分類・総合】

・「日清戦争」と「日露戦争」や「陸奥宗光」と「小村寿太郎」や「軽工業の発展」と「重工業の発展」などを比較して，日本が軍事大国へ発展していった様子をまとめている。

【現代と結び付ける見方・考え方】

・現代に残る日朝関係や日韓関係について歴史的な背景から考えることができる。

評価

新聞でのまとめ活動は，ただ教科書や資料集にあることを写し書きして，カラフルにまとめ，見栄えがよいものが高評価されることがあるが，ここでは上記の見方や考え方でまとめているかどうかを新聞の内容から評価することが重要である。

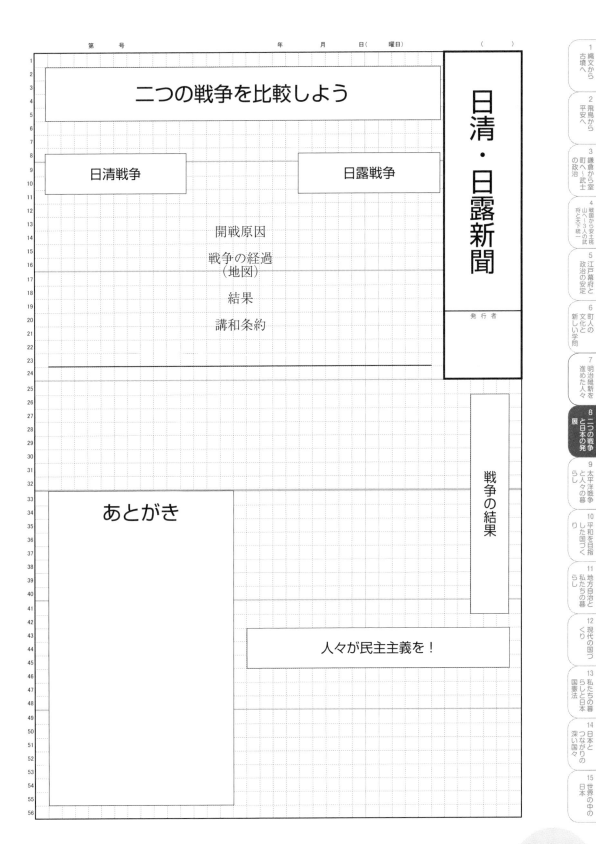

9 [太平洋戦争と人々の暮らし]

1 アジアの中で日本はどのような存在になっていったのか？

(学習課題No.56～57・2時間構成)

　板　書

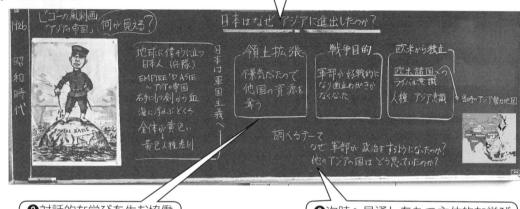

❶深い学びを生む学習問題

❷対話的な学びを生む協働

❸次時へ見通しをもつ主体的な学び

アクティブ・ラーニング的学習展開

❶ 深い学びを生む学習問題（かかわる）

発問：ビゴーの絵「アジアの帝国」からどんなことが見えてくるか？

前単元で登場した、アジアに進出する日本を風刺したビゴーの「アジアの帝国」である。日清戦争直後の1899年に描かれたものである。当時のビゴーの見方が，この当時の日本にあてはまっていたかどうかを考えさせたい。

・海に浮かぶ地球儀の上に立つ日本人は「軍服」を着て，偉そうに立ち尽くしているように見える。

・地球儀に描かれている「EMPIRE　D'ASIE」（アジアの帝国）

・右手に持つ剣からしたたる血

・海に浮かぶどくろのようなもの

・絵全体が黄色く塗られている（黄禍論…黄色人種警戒論）

日露戦争後，日本は朝鮮を植民地化し，満州への影響力も強める。その後，第1次世界大戦後に好景気を迎えるが，戦争終了後は不景気となり，関東大震災，世界恐慌といったことが重なり深刻な不景気に陥った。このような中で，<u>なぜ日本はアジアへ進出していったのか？</u>という問いを生ませたい。

112

本時のねらい

【主体的に学習に取り組む態度】ビゴーの絵から気付いたことを話し合い，日本がアジアへ進出した理由は何かという学習問題をつくり，それについて予想し，調べる計画を立てることができる。

❷ 対話的な学びを生む協働（つながる）

発問：日本がアジアへ進出していった理由を考えよう。

領土拡張	戦争目的	欧米から独立
・不景気だったために，領土を拡張し，他地域の資源を奪う	・軍部が好戦的になり，歯止めがきかなくなった	・欧米諸国へのライバル意識 人種が同じアジア意識

| ○満州事変 | ○軍部台頭 | ○大東亜共栄圏 |
| ○日中戦争 | ○五・一五事件・二・二六事件 | ○国際連盟脱退 |

日本のアジア進出の理由を多面的に考える。単に日本が戦争をして，侵略していったという史実を教えるのではなく，結果としてなぜ侵略することになってしまったのかを総合的に考えることが重要である。ここで取り上げた見方・考え方をもとに歴史的事象を調べていくとよい。

❸ 次時へ見通しをもつ主体的な学び（創り出す）

発問：どんな視点で調べていくか考えをもとう。

ICT…当時のアジアの勢力圏地図を提示する。

調べる前に視点を決めて，子供たちそれぞれに考えをもたせる。「満州や東南アジアにはどのような資源があったのか？」「軍部が国を動かすことは可能だったのか？」「当時の欧米諸国のアジアでの勢力は？」これらをもとに調べていくようにする。

評価　評価は以下の場面で考えられる

・❷の協働場面での評価…多面的な視点で考えをもつことができているか。
・❸の場面での評価

【模範解答例】天皇中心の近代国家であったはずなのに，なぜ軍部が政治をするようになったのかを調べたい。

・調べた内容…自分の課題に対して的確に情報を収集し，まとめることができているか（2時間目）。

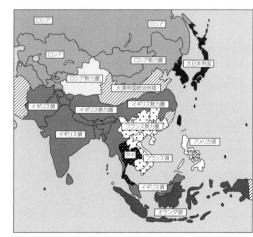

9 ［太平洋戦争と人々の暮らし］

2　日本はなぜ，満州に進出したのか？

(学習課題No.58・1時間構成)

板書

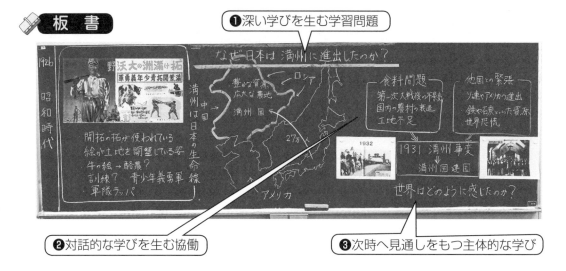

❶深い学びを生む学習問題
❷対話的な学びを生む協働
❸次時へ見通しをもつ主体的な学び

アクティブ・ラーニング的学習展開

❶ 深い学びを生む学習問題（かかわる）
発問：この政府のポスターからわかることは？

ICT…地図を提示し，戦争がどこで行われたかを提示する。

写真は，満州事変以降本格化する政府の移民啓発ポスターである。満州移民は1932年から1945年までの14年間に日本から満州に約27万人を移民させた国家事業であった。その啓発ポスターを提示して次のことに気付かせたい。

・開拓の「拓」が使われている。
・絵が土地を開墾しているような姿　・牛の絵が描かれている。酪農？
・訓練の絵？　・青少年義勇軍と書いている。　・軍隊ラッパ

そもそも満州がどこにあるのかを地図で確認することも大切である。満州は，日露戦争後に南満州鉄道の権利を日本は取得していたが，日本の領土ではない。ではなぜ，日本は満州に移民を進め，影響を強めていったのか？　「満州は日本の生命線」といわれた当時の言葉をもとに，<u>なぜ，日本が満州に進出していったのか</u>という問いを生み出し，考えさせたい。

本時のねらい

【思考力，判断力，表現力等】日本が朝鮮や満州の支配をめぐって，清やロシアと戦争をしたことを理解し，その結果，国力が充実し，欧米諸国と肩を並べる国となったことに気付く。

❷ 対話的な学びを生む協働（つながる）

発問：なぜ，日本は満州に進出していったのか？

深刻な食料問題	ソ連やアメリカ，中国との緊張
・第1次世界大戦後の不景気 ・国内の農村の衰退 ・国内の土地不足	・ソ連やアメリカの進出への警戒 ・鉄や石炭といった工業資源 ・日本人の人口を増やす

⬇

満州に行けば日本の不景気を回復できる！
満州は日本の生命線

⬇

満州事変～満州国の建国（日本が政治の実権）

満州移民政策は，国内の農村対策とソ連から本土を守るための防衛戦として，そして支配力を強めたいアメリカからの防衛といった軍事的側面が目的であった。歴史的背景を厳密に理解することは困難であるが，日本の満州進出を多面的に捉え，段階的に，中国へ進出していったことを理解させることが重要である。ここでは，先のポスターに戻り，満州進出の二面性を納得させたい。

❸ 次時へ見通しをもつ主体的な学び（創り出す）

発問：日本の行動を世界はどのように感じたのか。

満州への一連の行動を，世界はどのように感じたのかを考えさせたい。第1次世界大戦後は，世界は「平和」を目指し，国際連盟を立ち上げたことや，その一方，日本が策略によって満州事変を起こしたことなどから，日本の行動について判断する。

評価　評価は以下の場面で考えられる

・❷の協働場面での評価…調べたことをもとに多面的に自分の考えをもつことができているか。
・❸の場面での評価

【模範解答例】世界が平和を目指そうとするときに，日本が満州で行った行動は非難を受けると思う。そうすると，日本は世界から孤立してしまうのではないか。

9 [太平洋戦争と人々の暮らし]

3　戦争はどのように広がっていったのか？

(学習課題No.59・1時間構成)

板書

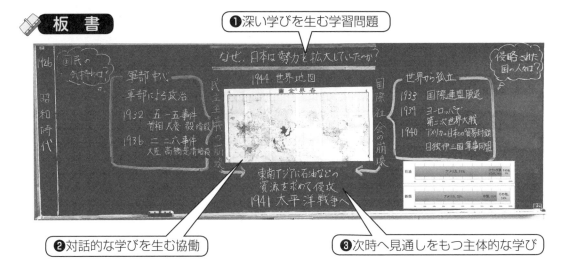

❶深い学びを生む学習問題
❷対話的な学びを生む協働
❸次時へ見通しをもつ主体的な学び

アクティブ・ラーニング的学習展開

❶　深い学びを生む学習問題（かかわる）
発問：1942年の勢力図を見て考えよう。

ICT…地図を提示し，日本の勢力図の変化を提示。

この図は，1942年頃の日本の勢力範囲を表すものである。当時の日本は陸軍や海軍が大きな

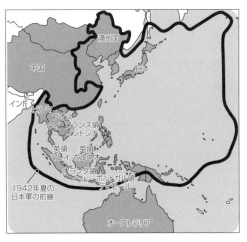

力をもち始め，1931年には満州事変，1932年には首相が海軍青年将校などに暗殺されるという事件（五・一五事件）が起こり，軍部が政治の実権を握るようになっていく。世界から非難をあびる日本は，1933年には国際連盟も脱退する。世界から孤立する日本は，中国へと戦線を拡大し，1937年日中戦争へ突入していった。その後，資源を求めるように東南アジアへと進出し，最終的には太平洋戦争に突入する。広大な日本の勢力圏を提示することで子供たちは驚くことであろう。喜ぶ子もいるかもしれない。

しかし，これは戦争という行為の上でのことであり，現地の人々がどのような気持ちであったかを考えていくことが大切である。<u>なぜ日本は，勢力を拡大していったのか？</u>という学習問題を立てていく。

本時のねらい

【知識及び技能】当時の世界の様子や日本の戦争の広がりを調べ，日本が軍部の台頭や国際社会の孤立からアジアへの侵略を進めていったことを理解する。

❷ 対話的な学びを生む協働（つながる）

発問：なぜ，日本は勢力を拡大していったのか？

軍部が政治に影響力	世界からの孤立
・軍部による政治 ・1932年…五・一五事件（海軍将校⇒犬養毅首相暗殺） ・1936年…二・二六事件（陸軍将校⇒高橋是清大蔵相暗殺）※軍部内の反乱	・1933年…国際連盟脱退 ・1939年…ヨーロッパで第2次世界大戦勃発 ・1940年…アメリカが日本との貿易封鎖 ・1940年…日独伊三国軍事同盟
○民主主義の崩壊	○国際社会の崩壊

アメリカの貿易封鎖で深刻な石油・鉄不足
東南アジアの石油などの資源を求め侵攻

1941年　太平洋戦争

日本が勢力を拡大していったことを多面的に考えていく。一つ一つの事実認識から，当時の政府の行動が誤っていたことを理解させたい。民主的な政治，国際社会への協力が損なわれたことの結果がこの戦争であったことを捉えさせる。

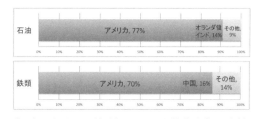

〈日本における石油・鉄のアメリカ依存度（1940年）〉

❸ 次時へ見通しをもつ主体的な学び（創り出す）

発問：侵略された当時の国の人々はどんなことを思っただろうか。

大東亜共栄圏といったアジア開放の構想は，あくまでも侵略の理由付けであり，実態はその国の資源や文化を略奪する間違った行為であった。当時の現地の人々の思いを考えることで，その事実を受け止めさせたい。

評価　評価は以下の場面で考えられる

・❷の協働場面での評価…年表の事実を関連させて自分の考えをもつことができているか。
・❸の場面での評価

【模範解答例】自分たちの国が，日本によって侵略され，日本中心の生活になったことは屈辱的なことだったと思う。

9 [太平洋戦争と人々の暮らし]

4 戦時中の国民はどのような思いだったのか？

(学習課題No.60・1時間構成)

板書

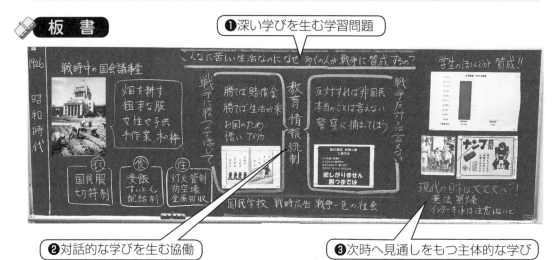

❶深い学びを生む学習問題
❷対話的な学びを生む協働
❸次時へ見通しをもつ主体的な学び

アクティブ・ラーニング的学習展開

❶ 深い学びを生む学習問題（かかわる）
発問：戦時中の国会議事堂を見て考えよう。

ICT…現在の国会議事堂の写真と重ねるようにアニメーションで提示。

戦時中の国会議事堂前の写真である。現在の国会議事堂前と比較しながら，当時の様子を想起させる。ここでは以下のことに気付かせたい。

・畑を耕して何かを育てている。
・みんな粗末な服を着ている。
・女性や子供もいる。
・手作業で鍬の代わりに木の棒を使っている。

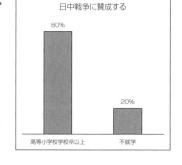

【戦時中の生活】

衣	食	住
国民服，切符制	麦飯，すいとん，配給制	灯火管制，防空壕，金属回収

戦時中の生活について調べたことを交流したところで，「日中戦争に対する見解」のグラフを提示する。ここから，<u>苦しい生活であった当時の人々が，なぜ戦争に賛成の立場をとっていたのか？</u>という学習問題を立てていく。

本時のねらい

【思考力，判断力，表現力等】戦時中の生活について調べ，それでも当時の国民がなぜ戦争に参加していたのかを，教育や情報の統制といった視点から考えることができる。

❷ 対話的な学びを生む協働（つながる）

発問：なぜ，多くの人が戦争に賛成したのか？

戦争に勝つことを信じていた	反対の意見を言えない
・勝って賠償金が欲しい ・勝てば生活が楽になる ・お国のため	・反対すれば非国民 ・本当のことは言えない風潮 ・警察に捕まってしまう

教育・情報の統制

戦時中の教科書	戦時広告

　戦時下においては，学校は「国民学校」となり，国家主義的な教育が行われた。教科書は，戦争を肯定する内容となり，授業内容も防空演習や団体訓練などの時間が多くとられていた。また，世の中には戦争を肯定，戦勝をかりたてる広告があふれ，国民生活はまさに「戦争一色」であった。当時の資料を提示し，教育や情報が国によって統制されていたことに気付かせ，正しい判断ができなかったことの怖さを感じ取らせる。

❸ 次時へ見通しをもつ主体的な学び（創り出す）

発問：現代はそんなことになるか？

　戦争という歴史を風化させないためにも，現代に置き換えて考えることは大切である。子供たちにとって実感できないほどの当たり前の平和を捉え直すために，現代の政治を見つめる目を育てたい。

評価　評価は以下の場面で考えられる

・②の協働場面での評価…多角的に自分の考えをもつことができているか。
・③の場面での評価

【模範解答例】日本は戦争をしない国なので，戦争はないと思う。でも，当時と同じように間違った考えの人が政治をするようになって，学校やネットで間違った考えが流れると，戦争につながらないとはいえないと思う。

9 [太平洋戦争と人々の暮らし]
5　戦争はどのように終わったのか？

(学習課題№61・1時間構成)

❶深い学びを生む学習問題
❷対話的な学びを生む協働
❸次時へ見通しをもつ主体的な学び

アクティブ・ラーニング的学習展開

❶ 深い学びを生む学習問題（かかわる）
発問：日本の戦いは優勢だったのか？

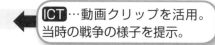
ICT…動画クリップを活用。当時の戦争の様子を提示。

苦しい生活を強いられていた国民であったが、そもそも日本の戦況はどうであったのか？　1941年のハワイ真珠湾攻撃を皮切りに、日本は東南アジアを中心に侵略、勝利を収めていく。しかし、1942年のミッドウェー海戦でアメリカに敗れ、戦況は大きく不利になっていく。その後、敗戦を続ける日本であったが、国内ではそのような戦況は隠蔽され、ただ国民は勝利を信じ、苦しい生活を堪え忍んでいく。追い詰められた日本がとった最後の策は、資料にある「学徒出陣」「神風特攻隊」であった。子供たちにこの事実を告げて日本の当時の戦況を予想させたい。そして、日本が追い詰められていたことを理解した上で、日本はどのように追い詰められて戦争は終わっていったのか？を課題として調べていく。

本時のねらい

【知識及び理解】東京大空襲，沖縄本土決戦，広島・長崎への原爆投下，終戦の玉音放送について調べ，当時の人々の思いを考え，どのように戦争が終結したか理解する。

❷ 対話的な学びを生む協働（つながる）

発問：戦争はどのように終わっていったのか？

1945年3月10日	1945年4月1日	1945年8月6日・9日
・東京大空襲 　10万人が死亡	・沖縄本土地上戦 　12万人が死亡	・原子爆弾投下 　広島12万人死亡 　長崎7万人死亡
・全国の都市が爆撃される	・民間人が戦闘，占領	・一瞬にして殺害

東京大空襲戦災犠牲者追悼碑

沖縄ひめゆりの慰霊塔

広島原爆ドーム（世界遺産）

1945年，終戦を迎えるまでの日本への総攻撃を，現代に残る慰霊碑を提示しながら当時の人々の状況を考える。

・日本はなぜ大空襲の時点で降伏しなかったのか？
・軍部がもはや政治能力を失っていたのでは？
・もはや，天皇がやめると言わない限り終われないのでは？

〈玉音放送　皇居前〉

❸ 次時へ見通しをもつ主体的な学び（創り出す）

発問：今も残る多くの慰霊碑は私たちに何を語っているのか？

最後は戦争が残した傷跡が告げる社会的事象の意味を考えたい。子供たちが戦争を一つの歴史上の出来事として捉えるのではなく，それをどのように自分の生き方に反映していけるかを考え，表現させたい。

評価　評価は以下の場面で考えられる

・②の協働場面での評価…当時の社会問題を多角的に調べてまとめることができている。
・③の場面での評価

【模範解答例】戦争は多くの人々を犠牲にし，日本だけでなくアジアの人々にも悲しい歴史を残してしまった。慰霊碑は，その事実だけではなく，これから戦争を決してしない国づくりを行う気持ちをもつことを語っていると思う。

9 ［太平洋戦争と人々の暮らし］

6　15年戦争をまとめ，新聞に書こう！

(学習課題No.62・1時間構成)

本時のねらい

○単元を通して学んだ15年戦争を，軍部台頭，アジア侵略，国民統制といった多面的な視点で捉え，比較・分類・総合しながら，新聞に書き表すことができる。
○聞き取り調査したことを記事にすることができる。

　学習のまとめとして，「新聞製作」を行う。ここでは日本の戦況を多面的に整理し，まとめていきたい。また，戦時中の出来事を経験した，祖父母や地域のお年寄りに取材をし，当時の生の声を伝え聞き，自分の考えを表現できるようにする。

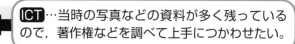

社会的な見方や考え方

ICT…当時の写真などの資料が多く残っているので，著作権などを調べて上手につかわせたい。

【空間的な見方・考え方】
・日本軍がアジアのどの地域を侵略し，勢力を広めていったのかを地図で調べ，現在の地図と比べている。

【時間的な見方・考え方】
・満州事変から始まる15年間の史実を調べ，年表などを作成しながら，現在も残る国交の問題や国民の意識についてまとめている。

【相互関係に着目】
・軍部と国民，日本とアジアと欧米諸国などを関係付けて，15年にわたる戦争の悲惨な歴史を読み取っている。

【社会的事象を比較・分類・総合】
・15年にわたってとった日本の行動を，「対国外」，「対国内」などに分類し，戦争全体を総合的にまとめることができる。

【現代と結び付ける見方・考え方】
・現代に残る戦争の史跡や記念館，戦時中を体験した人々を取材し，これから戦争の記憶をどのように伝えていくことが大切かを考えている。

評価

　新聞でのまとめ活動は，ただ教科書や資料集にあることを写し書きして，カラフルにまとめ，見栄えがよいものが高評価されることがあるが，ここでは上記の見方や考え方でまとめているかどうかを新聞の内容から評価することが重要である。

10 [平和を目指した国づくり]

1　戦後の日本はどのようにして復興していったのか？

(学習課題№63〜64・2時間構成)

板書

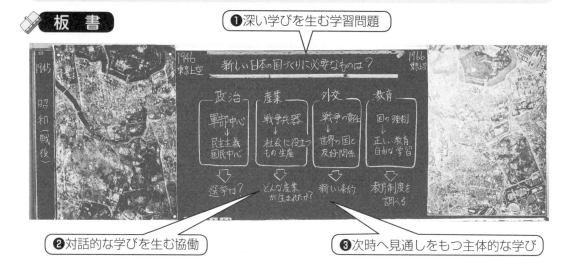

❶深い学びを生む学習問題

❷対話的な学びを生む協働

❸次時へ見通しをもつ主体的な学び

アクティブ・ラーニング的学習展開

❶　深い学びを生む学習問題（かかわる）
発問：1946年と1966年の上空写真を見比べよう。

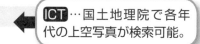
ICT…国土地理院で各年代の上空写真が検索可能。

　写真は国土地理院の「地図・空中写真・地理調査」で検索することができる。写真を比較することで，戦後20年の間に日本は焼け野原からオリンピックができるような国になったことを考えさせたい（写真左隅には国立競技場が確認できる）。

　戦後20年の間に日本はどのように変化したのか，また変化しなければならなかったか。アメリカなどの連合国軍に占領され，その指導の下，日本政府は再び国づくりを行っていく。ここでは，日本の新しい国づくりには何が必要だったのか？という問いを生ませたい。

本時のねらい

【主体的に学習に取り組む態度】戦後直後と，東京オリンピックの頃の東京の写真から，日本がどのように復興したのかという学習問題をつくり，予想して調べる計画を立てる。

❷ 対話的な学びを生む協働（つながる）

発問：日本の新しい国づくりには何が必要か？

政治面	産業面	外交面	教育面
・軍部中心の政治から民主主義へ	・戦争兵器の生産から，社会に役立つものの生産へ	・戦争の責任を負い，世界の国々の仲間になる	・国の強制的な教育から，正しいことを教える教育に
⬇	⬇	⬇	⬇
○普通選挙 ○新しい憲法の公布	○高度成長 ○電化製品の普及（三種の神器）	○各国と講和 ○国際連合復帰 ○東京オリンピック	○墨塗り教科書 ○教育改革 ○青空教室

　戦後日本の復興を，四つの視点で多面的に調べ，考えていく。特に産業面は，子供たちの祖父母などの経験に結び付くことが多いと思われるので，取材などをして調べることで質が高くなる。

❸ 次時へ見通しをもつ主体的な学び（創り出す）

発問：どんな視点で調べていくか考えをもとう。

　調べる前に視点を決めて，子供たちそれぞれに考えをもたせる。「戦前までは男子だけの選挙権だったけど，女性は選挙権をもてたのか？」「誰が中心となって国づくりが行われたのか？」など問いをもち，調べるようにしたい。

評価　評価は以下の場面で考えられる

・②の協働場面での評価…多面的な視点で考えをもつことができているか。

・③の場面での評価

【模範解答例】産業が大きく発達したようだが，どんなものがたくさんつくられ，それによってどのように人々の生活が変化したかを調べたい。

・調べた内容…自分の課題に対して的確に情報を収集し，まとめることができているか。（2時間目）

2章　主体的・対話的で深い学びを実現する！社会科授業づくりの教科書　板書＆展開プラン　125

10 [平和を目指した国づくり]

2　日本の政治はどのような改革を行ったのか？

(学習課題No.65・1時間構成)

板書

❶深い学びを生む学習問題

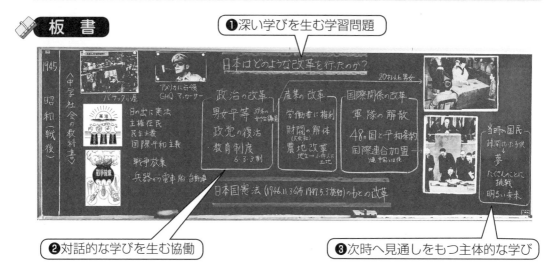

❷対話的な学びを生む協働　　　❸次時へ見通しをもつ主体的な学び

アクティブ・ラーニング的学習展開

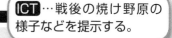

ICT…戦後の焼け野原の様子などを提示する。

❶　深い学びを生む学習問題（かかわる）
　　発問：戦後の社会科の教科書からわかることは？

　戦後，日本は連合国に占領され，その指導の下，民主主義国家として再出発することになる。その中心となったのは「日本国憲法」であった。右は，戦後まもなくに中学校社会科の教科書として使用された「あたらしい憲法のはなし」の挿絵である。ここから以下の問いを生み出したい。

・日の出に憲法の文字がある。
・3人の人が日の出を迎えている。
・「主権在民主義」「民主主義」「国際平和主義」。
・多くの兵器が燃やされ，列車や船，自動車に。

　戦後日本の改革の根幹にあるものは「民主化」である。憲法の挿絵の中にも「民主主義」「主権在民主義」とあり，国民中心の国づくりをしようとしていたことを読み取ることができる。また「国際平和」「戦争放棄」とはどのようなことだったのか。そこで，<u>日本はどのような改革を行ったのか？</u>という問いを生み出し，考えさせたい。

126

本時のねらい

【知識及び技能】日本国憲法や戦後改革について調べ，日本がどのように民主化し，国際社会に復帰したかを理解し，当時の国民の気持ちを想像することができる。

❷ 対話的な学びを生む協働（つながる）

発問：日本はどのような改革を行ったのか？

政治の改革	産業の改革	国際関係の改革
・男女平等 ・政党の復活 ・教育制度の改革	・労働者に権利 ・財閥の解体 ・農地改革	・軍隊の解散 ・48カ国と平和条約 ・国際連合加盟

日本国憲法　1946.11.3公布　1947.5.3施行

　日本が行った改革を調べ，多面的に整理していく。政治面では，女性に参政権が認められた。これにより1946年には日本初の女性議員が39名誕生した。また，教育制度も改革された。戦後間もない頃は，教科書や教室が間に合わず，「墨塗り教科書（戦時色の強い表現を消す）」や「青空教室（校舎が消失した地域では屋外で授業）」の状態であったが，学校の仕組みは現在の「6・3・3」制の学校制度が決められ，全ての国民が等しく教育を受けられるようになった。産業改革では，それまで日本の産業を独占していた大会社を解体し，大きな力をもたないようにすることで，政治と切り離し，自由に商売ができるようにした。同じように，多くの土地を所有していた大地主から国が土地を買い上げ，小作人に安く土地を売り，自由に農業ができるようにもした。

　このように，国内の民主化を進め，国際的にも復興が認められ，48カ国と平和条約を結び，国際連合にも加盟，その後連合国の占領も終わり，日本は晴れて国際社会に復帰することができた（ソ連や中国とは後年）。

❸ 次時へ見通しをもつ主体的な学び（創り出す）

発問：戦後改革後，日本はどのように変化していくだろうか。

　当時の国民の気持ちになって，日本がどのように成長していったかを考えさせたい。それまで，学童疎開などで親元から離れ，苦しい生活を強いられてきた子供たちが社会に出てつくり出した日本は，どのように変化したのかを考えさせたい。

評価　評価は以下の場面で考えられる

・②の協働場面での評価…調べたことをもとに多面的に整理できているか。

・③の場面での評価

【模範解答例】憲法の下，自由に生きることが許された国民は，多くのことにチャレンジし，活躍する社会になっていったと思う。そして，日本は大きく成長した。

2章　主体的・対話的で深い学びを実現する！社会科授業づくりの教科書　板書＆展開プラン　127

10 [平和を目指した国づくり]

3 なぜ，日本はオリンピックを開催したのだろうか？

(学習課題No66・1時間構成)

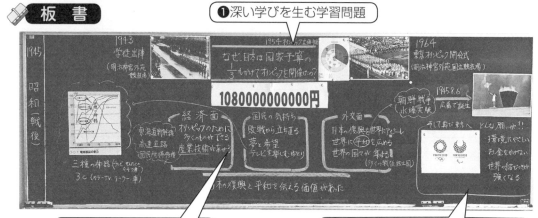

❶深い学びを生む学習問題

❷対話的な学びを生む協働

❸次時へ見通しをもつ主体的な学び

アクティブ・ラーニング的学習展開

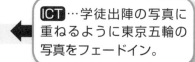

ICT…学徒出陣の写真に重ねるように東京五輪の写真をフェードイン。

❶ 深い学びを生む学習問題（かかわる）
発問：復興途中…どうしてオリンピックなのか？

　戦後日本は連合国指導の下，国内の民主化を進め，主権を回復するに至った。そこで，2枚の写真を提示する。場所は同じ「明治神宮外苑競技場」。左は1943年の「学徒出陣」，右が1964年の「東京オリンピック」である。敗戦から20年，ただ，オリンピックへの立候補は1954年なので，わずか10年足らずで，日本はオリンピック開催を決断した。しかも，オリンピック開催には国家予算の3分の1もの費用がかかるのにである。<u>なぜ日本は，多額の費用をかけて，オリンピックを開催しようとしたのか？</u>という学習問題を立て，当時の政府の考えや国民の感情を想起し，考えをまとめさせたい。

本時のねらい

【思考力，判断力，表現力等】東京オリンピックの開催理由を多面的に考えることで，当時の国内外の変化を調べることができる。また現在の日本が果たすべき役割について考える。

❷ 対話的な学びを生む協働（つながる）

発問：なぜ，日本はオリンピックを開催したのだろうか？

経済面	国民感情	外交面
・オリンピックを開催することで多くのものをつくる ・産業技術があがる	・敗戦から立ち直るきっかけ ・夢と希望をもてる	・日本の復興を世界にアピール ・世界に平和を広める
↓	↓	↓
○東海道新幹線 ○高速道路 ○国民所得倍増計画	○三種の神器（白黒テレビ，洗濯機，冷蔵庫） ○３Ｃ（自動車，カラーテレビ，クーラー） ○家電製品などの普及	○日本選手団の活躍 ○朝鮮戦争や水爆実験 ○戦後独立国の参加

　オリンピックを開催した理由を，経済面，国民の感情，外交面といった視点で考えたい。経済面では，現在のオリンピックに向けた動きと重ね，街に多くの最新式のインフラが開発され，整っていくこと，それを請け負う企業があって多くの仕事が生まれることを教えるとよい。その結果，生まれた様々な家電製品が国民の生活を豊かにし，オリンピックを楽しむゆとりができたことと結び付けたい。外交面に関しては，日本が国際平和を主張する意志が強くあったことを考えさせたい。戦後の世界情勢は，朝鮮戦争が勃発したり，水爆実験が行われたりしていた。日本が最終聖火ランナーとした坂井義則さんが広島の原爆投下の日に生まれた青年であったことから，日本が世界に伝えようとした意味を子供たちに捉えさせたい場面である。

❸ 次時へ見通しをもつ主体的な学び（創り出す）

発問：2020年のオリンピックでは何を世界に発信するべきだろうか。

　オリンピックの開催は，決して戦後問題の解決ではない。今なお，世界各地の紛争，中国や韓国との問題，沖縄の基地問題，北方領土…と多くの課題が残っている。歴史の最後の学習として，これからの日本の課題を考えさせたい。

評価　評価は以下の場面で考えられる

・❷の協働場面での評価…年表の事実を関連させて調べたことを多面的に分類できているか。
・❸の場面での評価

【模範解答例】これからの日本は平和や環境の先進国として世界をリードし，次の東京オリンピックでアピールするとよい。

10 ［平和を目指した国づくり］

4 新しい日本・これからの日本についてまとめ，新聞に書こう！

(学習課題№67・1時間構成)

本時のねらい

○単元を通して学んだ日本の復興を，政治面，産業面，外交面といった多面的な視点で捉え，比較・分類・総合しながら，新聞に書き表すことができる。
○聞き取り調査や取材したことを記事にすることができる。

　学習のまとめとして，「新聞製作」を行う。ここでは日本の復興を多面的に整理し，まとめていきたい。また，高度成長時代の出来事を経験した，祖父母や地域のお年寄りに取材をし，当時の生の声を伝え聞き，自分の考えを表現できるようにする。

アクティブ・ラーニング的記事作成

ICT…当時の写真などの資料が多く残っているので，著作権などを調べて上手につかわせたい。

社会的な見方や考え方

【空間的な見方・考え方】
・戦後，日本と平和条約を結んだ48の国の場所や，当時，平和条約を結べなかった国の場所，また，新しく独立した国などを地図で調べ，当時の世界の広がりに気付いている。

【時間的な見方・考え方】
・日本が復興していく様子や世界で起きた出来事を調べ，年表などを作成しながら，日本と世界の変化について気付いている。

【相互関係に着目】
・政府と国民，日本と世界を関係付けて，日本の復興について読み取っている。

【社会的事象を比較・分類・総合】
・日本の復興を，「政治」，「産業」，「外交」などに分類し，復興全体を総合的にまとめることができる。

【現代と結び付ける見方・考え方】
・今なお残る，戦争が原因で起きた諸問題…「アメリカ軍沖縄基地」「日本と中国・朝鮮の関係」「北方領土」などをテーマに，これからの日本について考え，表現する。

評　価

　新聞でのまとめ活動は，ただ教科書や資料集にあることを写し書きして，カラフルにまとめ，見栄えがよいものが高評価されることがあるが，ここでは上記の見方や考え方でまとめているかどうかを新聞の内容から評価することが重要である。

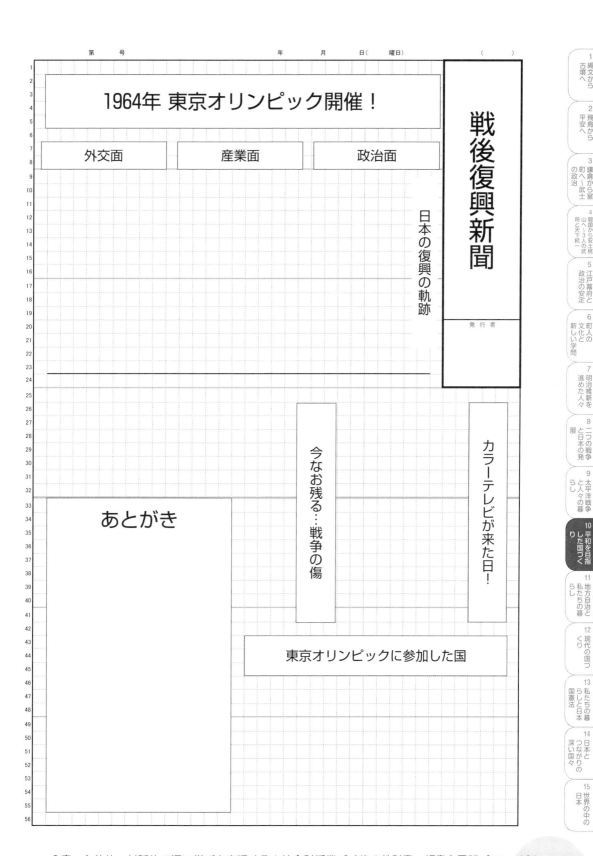

11 [地方自治と私たちの暮らし]

1 現代の国づくりの様子を調べよう！

(学習課題No.68〜69・2時間構成)

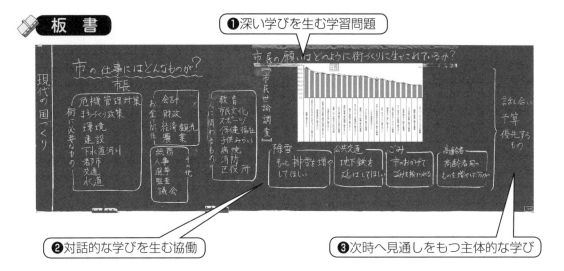

❶深い学びを生む学習問題
❷対話的な学びを生む協働
❸次時へ見通しをもつ主体的な学び

アクティブ・ラーニング的学習展開

❶ 深い学びを生む学習問題（かかわる）
発問：市の仕事にはどんなものがあるか？

ICT…市のホームページを活用。

　政治の学習は「政治」という言葉よりも「国づくり」「まちづくり」という言葉に置き換えて指導するとよい。それは，これまでの歴史の学習も日本の「国づくり」という視点で捉えてきたからである。国がどのような国を目指し，それに対し国民がどのような暮らしをしてきたのか？　江戸時代の人々の願いは，まちづくりに反映されていたか？　年貢はどのようにつかわれていたのか？　そういう意味では「平成時代」の国づくりと考えると，子供たちも歴史の学習の延長で考えることができる。そこで，市が行っている仕事にはどのようなものがあるかを予想する。その上で市のホームページを調査し，<u>市民の願いがどのようにまちづくりに生かされているのか？</u>を学習問題として考えていく。

本時のねらい

【主体的に学習に取り組む態度】まちで暮らしている人たちの願いと政治のつながりに関心をもち，市の仕事を調べる計画を立てることができる。

❷ 対話的な学びを生む協働（つながる）
発問：市民の願いはどのようにまちづくりに生かされているのか？

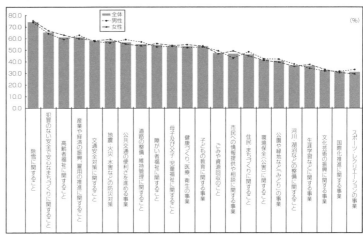

子供たちに，市へ望むことを提案させてみる。「公園を増やしてほしい」「学校にたくさんのタブレットを入れてほしい」などが挙げられるだろう。では，市民全体ではどのような願いがあるのか？家庭で調査するなどして，願いがいろいろあることに気が付く。また，市のホームページから，多くの情報を読み取ることができる。ここでは，「市政世論調査」を提示し調査を読み取ることで，市民がどのような願いをもっているかを理解させたい。さらに，それらについて自分たちが知っていることを話し合うことで，まちづくりに複数の視点をもたせるようにしたい。

除雪	公共交通	ごみ	高齢者
・もっと排雪を増やしてほしい	・地下鉄を延ばしてほしい	・ごみは市のおかげで捨てることができる	・高齢者のためのものは何があるのか

❸ 次時へ見通しをもつ主体的な学び（創り出す）
発問：市はこの願いをどのように叶えようとしているか？

全ての願いを叶えることは不可能である。市が住民のためにどのようにまちづくりを行っているのかを考えさせたい。

評価　評価は以下の場面で考えられる

・①の場面での評価…理解しながら調べることができているか。
・②の協働場面での評価…自分なりの理由を表現することができているか。
・③の場面での評価

【模範解答例】話し合いで重点を決めていると思う。／お金がかかるものばかりには取り組めないと思う。／今の状況に必要なことをまず行っていると思う。

11 [地方自治と私たちの暮らし]

2　現代のまちづくりを調査しよう！

(学習課題№70〜71・2時間構成)

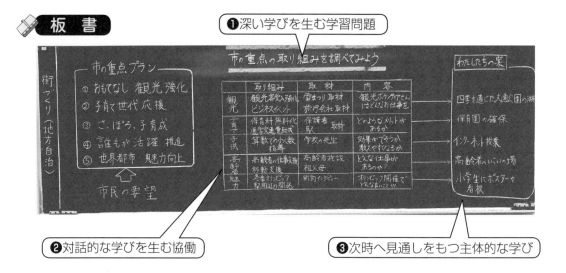

❶深い学びを生む学習問題
❷対話的な学びを生む協働
❸次時へ見通しをもつ主体的な学び

アクティブ・ラーニング的学習展開

❶ 深い学びを生む学習問題（かかわる）
発問：市の重点プランとは何か？

ICT…市のホームページを活用。

市が具体的にどのような取り組みに重点を置いているのかを，ホームページなどで確認する。どの市町村でも，「まちづくり計画」は公表されているので，子供たちに提示するとよい。

市民の要望と，重点課題を比較することで，市町村が市民の要望に合わせて計画を立てて

重点課題
① おもてなし・観光強化プロジェクト
② 子育て世代応援プロジェクト
③ さっぽろっ子育成プロジェクト
④ 誰もが活躍推進プロジェクト
⑤ 世界都市・魅力向上プロジェクト

いることがわかる。これらの重点について，市が具体的にどのような取り組みをしているかを調査する。ここでは，五つのグループに分かれ，重点ごとに調べ活動を行うことにした。

【調査方法】
・市のホームページ⇒子供用のページやパンフレットのダウンロードなど，市民への情報公開の点で充実している。
・関連施設への取材⇒可能であれば，訪問取材。難しければ，ファックスやメール，電話での取材を行いたい。公共マナーなどを身に付ける学習にもなる。

本時のねらい

【知識及び技能】市の重点プランを取り上げ，地方公共団体の政治の働きについて，関係施設を取材したり，資料を集めたりして，市の取り組みのねらいを理解する。

❷ 対話的な学びを生む協働（つながる）

発問：市の重点項目の取り組みを調べよう！

調べる範囲が広いので，共通した視点をもたせるとよい。また，小学生には難しい内容もあるので，わかるものを取り上げるようにする。

	取り組み	取材	内容
観光	・観光客の受け入れ強化 ・ビジネスイベント	○雪まつりに行って取材	観光ボランティアさんの仕事は？
子育て	・保育料無料化 ・通学交通費助成	○保護者 ○最寄りの駅	どんなことでメリットがあるか？
子供	・算数での少人数指導	○学校の先生	効果が出そうか？ 教えやすくなるか？
高齢者	・高齢者の仕事支援 ・移動支援	○地域の高齢者施設 ○祖父母	どんな仕事があるのか？
魅力	・冬季オリンピック ・駅周辺の開発	○街角インタビュー	オリンピック開催でどんなメリットが？

❸ 次時へ見通しをもつ主体的な学び（創り出す）

発問：市に助言やアドバイスを伝えるとしたら？

市の重点的な取り組みについて，自分たちなりのアイディアを話し合う。それをもとに具体的な願いがまとまったら，どのようにお願いするのかを考え，次時につなぐ。

評価　評価は以下の場面で考えられる

・②の協働場面での評価…理解しながら調べることができているか。
・③の場面での評価

【模範解答例】算数の少人数指導だけでなく，家のインターネットでも授業が見られるようにしたい。／元気なお年寄りが多いので，定年退職を65歳にできないのかな？／オリンピック招致を盛り上げるために，小学生がポスターをつくりたいな。

11 [地方自治と私たちの暮らし]

3 市民の声はどのように市政に届くのか？

(学習課題No.72・1時間構成)

板書

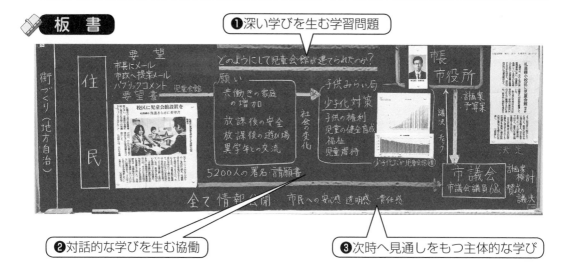

❶深い学びを生む学習問題
❷対話的な学びを生む協働
❸次時へ見通しをもつ主体的な学び

アクティブ・ラーニング的学習展開

❶ 深い学びを生む学習問題（かかわる）

発問：市民の声はどのように市政に届くのか？

ICT…市のホームページを活用。

　市民の声がどのように市政に届くのかを，自治体のホームページで確認する。例えば，札幌市の場合は以下のような提案方法があることがわかる。

・市長にメールを出すことができる。
・市政への提案メールを出すことができる。
・パブリックコメント（意見の募集）

　この他にも，市民の声を要望書という形で市に提出することなどの方法がある。

　市民の声を受け止めた後の自治体は，どのように応えるのかを考える。児童会館の建設や福祉センターの建設など，地域の事情を調査し教材化するとよい。ここでは，<u>どのようにして児童会館が建設されることになったのか？</u>といった学習問題を提示する。

136

本時のねらい

【知識及び技能】市議会の働きについて，ホームページを調査したり，各種資料を活用したりして，必要な情報を集め，読み取ることができる。

❷ 対話的な学びを生む協働（つながる）

発問：どのようにして児童会館が建てられることになったのか？

新聞記事検索データベースなどを活用し，児童会館ができるまでの市民や市政の動きを調査する。

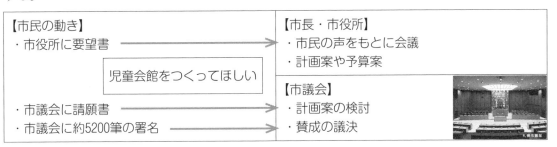

公共施設（ここでは児童会館）の設立の経緯をもとに，市民，市長（市役所），議会の関係をまとめる。議会議員は選挙で選ばれ，市民の代表として，税金や予算，条例などを話し合って決定する役割がある。議員は市の仕事が正しく行われているかチェックしたり，国に働きかけたりすることも行っている。どの自治体も議会のホームページで議員や議会の詳細を公表しているので，どんな議員がいて，どんなことを話し合っているのかを確認させたい。

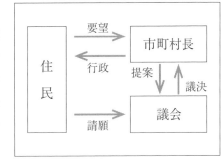

❸ 次時へ見通しをもつ主体的な学び（創り出す）

発問：市役所や市議会がホームページにたくさんの情報を公開しているのはなぜ？

自治体では話し合っていることや議会の様子（インターネット中継），市民からの声やその回答を全て公開している。その理由を考え，政治の透明性を考える。

評価　評価は以下の場面で考えられる

・❷の協働場面での評価…理解しながら調べることができているか。
・❸の場面での評価

【模範解答例】全て公開することで，悪い政治がなくなる。／公開すれば，市民も安心できるし，責任感ももてる。

11 [地方自治と私たちの暮らし]

4 まちづくりにかかる費用はどのようにまかなわれているのか？
(学習課題№73・1時間構成)

板　書

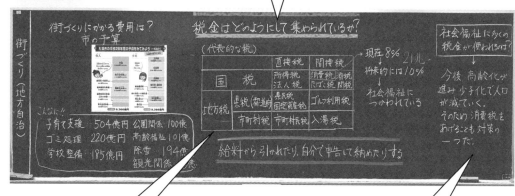

❶深い学びを生む学習問題
❷対話的な学びを生む協働
❸次時へ見通しをもつ主体的な学び

アクティブ・ラーニング的学習展開

❶ 深い学びを生む学習問題（かかわる）
発問：市の予算はどれくらいあるのか？

ICT…予算をグラフで提示。

市のホームページから予算を検索し、収入と支出を調査する。例えば、札幌市の場合は平成28年度の収入が9366億円となっており、その内訳を見ると、市民による税が30％、国の税金からまかなわれる地方交付税（自由に使える）が15％、国庫支出金（つかい道が指定）が27％となり、ほぼ7割が税金でまかなわれていることになる。その主なつかい道（平成28年度）は、

・子育て支援費…504億円

・ゴミ処理費…220億円　・除雪費194億円

・公園関係費…100億円　・学校整備費…185億円　・高齢福祉費…101億円

・観光関係費…16億円

となっている。これらで一人当たりおよそ7万円となる。このような税金はどのように国民から集められているのか？といった問いを生ませたい。そこで、税金には様々な種類があることを調査していく。

本時のねらい

【知識及び技能】市民の願いを実現するために税金が重要な役割を果たしていることについて，資料を活用したり，専門家に質問したりしながら，読み取ることができる。

❷ 対話的な学びを生む協働（つながる）

発問：税金はどのようにして国民から集められているのだろうか？

税金がどのように集められているかは，インターネット検索で容易に見つけられる。しかし，小学生には難解なものもあるので，ここではそれぞれの税がどのような枠組みで位置付いているかをまとめるとよい。

		直接税	間接税
国税		所得税・法人税など	消費税・酒税・たばこ税・関税など
地方税	県税（都・道・府）	県民税・固定資産税など	ゴルフ場利用税など
	市町村税	市町村税など	入湯税など

各自治体では，税務署や税理士会による「租税教室」が行われている。税についての専門家を学校に呼び，具体的なお話を聞いたり，税にはどのような種類があり，どのようにつかわれているのかを聞くことができる。また，税金がないとどのようなまちづくりになってしまうかを考え，税の大切さに気付かせたい。ぜひ，計画的に実践してほしい。

❸ 次時へ見通しをもつ主体的な学び（創り出す）

発問：支出を見ると，社会福祉に多くの税金がつかわれていることがわかる。「高齢者」「消費税」という言葉をつかって今後の課題を話そう。

消費税（21兆円）はそのほとんどが社会福祉につかわれている。つまり高齢者の年金や医療費，介護費である。ここから高齢化社会と結び付けて考えられるようにする。

評価　評価は以下の場面で考えられる

・❷の協働場面での評価…理解しながら調べたり，質問したりすることができるか。

・❸の場面での評価

【模範解答例】これから日本は高齢化社会が進んでいくので，社会福祉のお金がもっとかかる。したがって，消費税を上げることもその対策の一つである。

11 [地方自治と私たちの暮らし]

5　キッズコメント
…自分たちの考えを市長に提案しよう！ (学習課題No74・1時間構成)

本時のねらい
○市政に対するいろいろな立場の人の願いを考え，それらの意見を尊重しながら，改善点を話し合い，自分の意見をまとめる。
○聞き取り調査や取材したことを自分の意見に反映することができる。

　学習のまとめとして，「提案書づくり」を行う。市民や市長，議会といった立場や関係を理解し，具体的な市の重点を取り上げながら，改善点をまとめる。市でパブリックコメント募集などの窓口があれば，実際に提出することにも挑戦させたい。

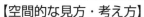

社会的な見方や考え方

> ICT…実際の意見書などをホームページで調べ，参考にするとよい。

【空間的な見方・考え方】
・自治体のまちづくりの様子を，地図や交通路線図などから，利便性や利用者数などを考え，提案することができている。(例)この地区のバス路線は…

【時間的な見方・考え方】
・自治体施設の経年変化や今後の状況を考えて，改善点などを提案することができる。
　(例)高齢化が進んでいくので，各施設には…

【相互関係に着目】
・市民と市長(市役所)，議会を関係付けたり，住民の立場を関係付けて提案することができる。(例)一人暮らしのお年寄りには，大雪の際の除雪が大変なので…

【社会的事象を比較・分類・総合】
・市の政策の重点を比較しながら，内容によって分類し，その重点にはどのような効果があって，優先順位はどれかなどを考えることができる。(例)高齢者の仕事支援は…

【現代と結び付ける見方・考え方】
・校区内の課題を発見し，市の取り組みと結び付けて考えることができる。
　(例)雪捨て場がないので，除雪に困っている人が…

評価
　レポート(意見書)活動は，学んできたことから，疑問に思ったことや，改善したいことを見つけ，理由とともに提案することが重要である。地域に添った，実社会の問題を見つけたい。

札幌市の取り組み（案）に対する意見用紙

取り組み内容：

意見

改善案

名前

2章　主体的・対話的で深い学びを実現する！社会科授業づくりの教科書　板書＆展開プラン　141

12 [現代の国づくり]

1 国の政治はどのように話し合われているのか？

(学習課題№75・1時間構成)

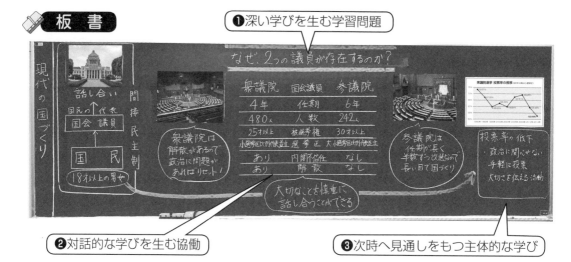

❶深い学びを生む学習問題
❷対話的な学びを生む協働
❸次時へ見通しをもつ主体的な学び

アクティブ・ラーニング的学習展開

❶ 深い学びを生む学習問題（かかわる）
発問：国会議事堂には二つの会議場？

ICT…議会場について画像提示。

　我が国は議院内閣制をとっている。政治を行う政府（内閣）が議会の信任によって存立する制度であり，その議会の議員は国民の選挙で決められる。まず子供たちには，選挙で選ばれた議員が国づくりを行う「間接民主制」であることを伝えたい。つまり，国民全員が集まって話し合いをすることができないから，国民は自らが議員となるか，または信頼できる人を代表者として話し合いに参加してもらうということである。これが日本の現在の民主的な国づくりであることを理解させる。

　そこで，国の代表者が集まる会議場の２枚の写真を提示する。上が衆議院本会議場，下が参議院本会議場である。子供たちから見れば，代表者が集まる場がなぜ二つあるのか疑問に思うであろう。そこで，ここでは，<u>なぜ，２種類の議院が存在するのか？</u>といった学習問題をもたせる。

本時のねらい

【知識及び技能】国会の働きを調べることを通して、国会は国の方向を話し合っていることや、衆議院と参議院の議員が選挙で選ばれていることを理解する。

❷ 対話的な学びを生む協働（つながる）

発問：なぜ、2種類の議院が存在するのか？

二つの会議場は、それぞれ衆議院と参議院の本会議場である。ここでは、2種類の議院の特徴を調べてまとめていきたい。

衆議院	国会議員	参議院
4年	任期	6年
465人	人数	242人
25歳以上の日本国民	被選挙権	30歳以上の日本国民
小選挙区比例代表並立制	選挙区	大・小選挙区比例代表並立制
あり	内閣不信任決議	なし
あり	解散	なし

このように、二つの議院にはそれぞれの特徴がある。この特徴をもとに、二つの議院が存在する理由を考えさせたい。

・大切なことを慎重に話し合うことができる	・衆議院は解散があるので、政治に問題が起きたらリセットできる	・参議院は任期も長く、半数ごとに改選なので、長い目で国づくりができる

国会は、「内閣総理大臣」「予算や法律」「条約」などの国の政治の方向を二つの会議で「多数決」で決める。

❸ 次時へ見通しをもつ主体的な学び（創り出す）

発問：投票率の低下をどう考えるか。

右のグラフは衆議院選挙の投票率の推移である。2014年の投票率は52％である。

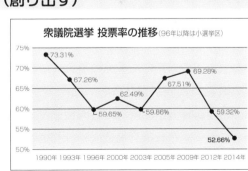

評価 評価は以下の場面で考えられる

・❷の協働場面での評価…理解しながら調べ、まとめることができているか。
・❸の場面での評価

【模範解答例】国民の代表は、みんなで選んで決めることが大切なのに、約半分しか投票していないのは問題がある。投票率を上げる方法を考えていかなければならない。

12 [現代の国づくり]

2　内閣の働きにはどのような役割があるのか？

(学習課題No.76・1時間構成)

板　書

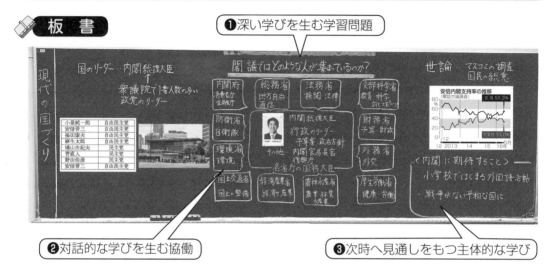

❶ 深い学びを生む学習問題
❷ 対話的な学びを生む協働
❸ 次時へ見通しをもつ主体的な学び

アクティブ・ラーニング的学習展開

❶ 深い学びを生む学習問題（かかわる）
発問：国のリーダーはどうやって選ばれるのか？

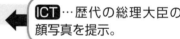 ICT…歴代の総理大臣の顔写真を提示。

　右は，この10年間の内閣総理大臣の移り変わりである。国のリーダーはテレビなどでも毎日のように報道されていることから，子供たちも顔や名前は知っている子がほとんどである。しかし，首相がどのように選ばれているかを理解している子は少ないだろう。そこで，右の表を見せ，内閣総理大臣と政党の関係を示す。我が国の首相は，多くの場合，衆議院で多数を占める政党の代表が選ばれることを理解させたい。では，内閣総理大臣は政治の方向性をどこで話し合っているのか？　それは，毎週火曜日と金曜日に「総理大臣官邸」で行われる「閣議」である。そこで，**内閣の閣議ではどのような人たちが集まり，国の方針を決めているのか？**といった学習問題を設定し，内閣の組織や仕事の内容を調べさせたい。

小泉純一郎	自由民主党
安倍晋三	自由民主党
福田康夫	自由民主党
麻生太郎	自由民主党
鳩山由紀夫	民主党
菅直人	民主党
野田佳彦	民主党
安倍晋三	自由民主党

本時のねらい

【知識及び技能】内閣の仕組みや働きについて調べ，内閣は内閣総理大臣が中心となって国の仕事を進めていることを理解する。

❷ 対話的な学びを生む協働（つながる）

発問：閣議ではどのような人たちが集まっているのか？

内閣総理大臣は国のために必要な仕事を「府・省・庁」に分担し，国務大臣を任命して内閣をつくる。

内閣府 消費者庁・金融庁・ 宮内庁など	総務省 地方自治・通信などに 関する仕事	法務省 検察や国籍など法律に 関する仕事	文部科学省 教育・科学・文化・ スポーツ
防衛省 自衛隊を管理運営	内閣総理大臣		財務省 予算や財政
環境省 環境に関する仕事	その他…内閣官房長官，復興庁， 内閣府特命担当大臣などの国務大臣		外務省 外交に関する仕事
国土交通省 国土の整備や交通	経済産業省 経済や産業	農林水産省 農業・林業・水産業	厚生労働省 国民の健康や労働

各国務大臣が話し合いを進めながら国の政治の進め方を決定していく。特に重要なのは，「予算案」を作成し国会に提出することで，我が国では毎年96.7兆円ほどの予算を国の様々な仕事のための費用に配分している。各省ではどのような取り組みを行っているかグループで調査して協働的に進めていくとよい。

❸ 次時へ見通しをもつ主体的な学び（創り出す）

発問：内閣にどんなことを期待するか。

右のグラフは，電話によるマスコミの世論調査である。世間の反応を調査するといったマスコミの役割は大きい。世論もまた国の政治に大きく影響する（選挙，衆議院の解散，内閣総辞職）。

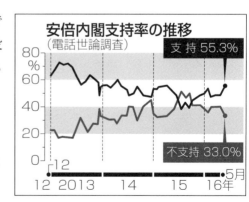

 評価は以下の場面で考えられる

・❷の協働場面での評価…理解しながら調べ，まとめることができているか。
・❸の場面での評価

【模範解答例】小学校から外国語を勉強する政策に賛成します。理由は，これからは外国で働く人も増えるからです。

12 ［現代の国づくり］

3　裁判所の働きにはどのような役割があるのか？

(学習課題No.77・1時間構成)

板　書

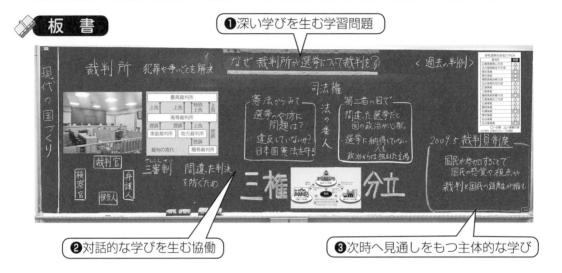

❶ 深い学びを生む学習問題
❷ 対話的な学びを生む協働
❸ 次時へ見通しをもつ主体的な学び

アクティブ・ラーニング的学習展開

❶ 深い学びを生む学習問題（かかわる）
発問：裁判所とはどのような場所か。

ICT…地域の裁判所を提示。

　裁判所は，子供たちにとっては犯罪者が罪を決められる場所というイメージが強い。しかし，それは全て憲法・法律に基づいて判断する行為であり，「犯罪」や「人々の争いごと」などを解決することである。そのため，裁判官は国会や内閣から独立して，どこからも影響を受けず公正に判断することが重要となる。また，間違った判決が出されないように，我が国では右のような三審制という仕組みをとる。さらに，こ こでは右ページの資料を提示する。これは「犯罪」や「人々の争い」ではなく，国の選挙が判決の対象になっている。**なぜ，裁判所が選挙に対して判決を出しているのか？** を考える。

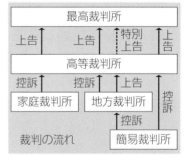
裁判の流れ

146

本時のねらい

【知識及び技能】裁判所は法律に基づいて裁判を行い，国民の権利を守ったり，国会や内閣を法の下に監視していることから三権分立を理解する。

❷ 対話的な学びを生む協働（つながる）

発問：なぜ，裁判所は選挙について裁判を行っているのか？

憲法から見て	国の方向性を
・選挙のやり方に問題がなかったか？ ・憲法に違反していないか？ ・日本国憲法を守るために	・間違った選挙だと国の政治もおかしくなってしまう ・選挙に納得していない人がいる

　裁判所は国会における法律の制定（立法）や，内閣の政治方針（行政）が憲法に違反していないかを調べる役割がある。現在，日本の国会議員選挙は「一票の格差」が問題視され，選挙後に裁判が行われ，「違憲状態」と判決が出ている選挙がある。

　このように，日本の政治は，立法，行政，司法（法に基づく機能）に分け，国会，内閣，裁判所が分担して行っている。これは，一つの機関に権力が集中しないことを目的としており，このような政治の仕組みが「三権分立」である。

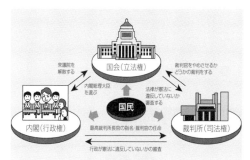

参院選無効訴訟の判決

❸ 次時へ見通しをもつ主体的な学び（創り出す）

発問：どうして裁判員制度が始まったのだろうか？

　2009年5月から，20歳以上の一般の人の中からくじで選ばれた人が裁判員となり，被告人が罪を犯したかどうか，どのような刑罰にするかを裁判（刑事事件）で裁判官と決める制度を裁判員制度という。

評価　評価は以下の場面で考えられる

・②の協働場面での評価…裁判所の違憲判決を多面的に考えることができているか。
・③の場面での評価

【模範解答例】国民が裁判に参加することで，国民の感覚や視点を裁判に反映できる。／法律は難しいけど，裁判と国民の距離を近づけるため。

13 [私たちの暮らしと日本国憲法]

1　現代の国づくりのもとにあるのは何か？

(学習課題No.78・1時間構成)

板書

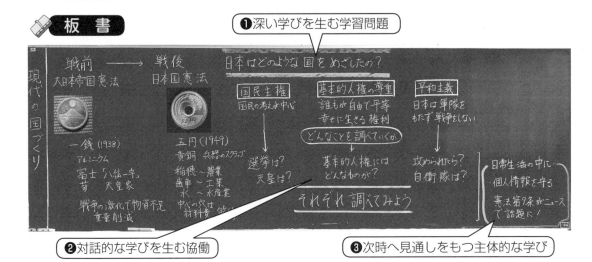

❶深い学びを生む学習問題
❷対話的な学びを生む協働
❸次時へ見通しをもつ主体的な学び

アクティブ・ラーニング的学習展開

❶ 深い学びを生む学習問題（かかわる）

発問：二つの硬貨からわかることは？

　ICT…5円玉の提示。

日本国憲法が制定されたのは戦後間もなく1946年11月3日（公布）であり，ここに現代の日本の国のあり方が込められている。そこで，子供たちに2種類の硬貨を提示する。左は戦前の「1銭」硬貨（現代の価値にして100円程度）。右は戦後の1949年に発行された5円硬貨である。

富士1銭アルミニウム貨（1938）	5円硬貨（1949）
アルミニウム1000（0.65g）	黄銅（銅・亜鉛）…兵器のスクラップでつくられた（3.75g）
富士は「八紘一宇」世界を一つの家にするという意味。菊の紋章は天皇家を表す	稲穂・歯車・水→農業・工業・水産業を表す
戦争の激化で物資不足となり，重量が削減	中心の穴は材料費の節約

<u>戦後，日本はどのような国を目指したのか？</u>を学習問題に設定する。

本時のねらい

【知識及び技能】現代の国づくりが日本国憲法の三つの原則に基づいて行われていることを知る。【主体的に学習に取り組む態度】三原則がどのようなものか調べ、学習計画を立てることができる。

❷ 対話的な学びを生む協働（つながる）

発問：日本はどのような国を目指したのか？

国民主権	基本的人権の尊重	平和主義
○国民の考えが中心の政治をしよう	○誰もが自由で平等で幸せに生きる権利をもっている	○日本は軍隊をもたず、二度と戦争をしない
歴史の中で考えていくと…		
・どの時代も、国の中心は国をつくっている人だった ・国民が国づくり？	・庶民は税などで苦しんでいた ・身分差別もあった	・何回も戦争を行っていた ・国内でも戦いがあった
どんなことを調べるとよいかな？		
・国民が中心というのは選挙を調べるとわかりそう ・天皇はどうなるの？	・基本的人権ってどんなものがあるのかな？ ・生活の中にわかるものはあるかな	・攻められたらどうする ・軍隊をもたないってあるけど自衛隊は何？ ・日本だけなのかな

　それぞれテーマをもって協働的に調べ活動を行うとよい。どれも子供たちにとっては難解なイメージがあるため、これまでの歴史と比べながら、問いをもたせながら調べ活動に入るとよい。

❸ 次時へ見通しをもつ主体的な学び（創り出す）

発問：日本国憲法が生活の中に表れているものを見つけよう。

　調べ活動は、生活の中にそれがどのように表れているのかを見つけながら進めていくようにする。実社会と結び付けることで実感することが大切である。

評　価　評価は以下の場面で考えられる。

・②の協働場面での評価…日本国憲法の三原則を理解しながら調べることができているか。

・③の場面での評価

【模範解答例】学校で顔写真をホームページに載せるとき、必ず確認している。／選挙権年齢が18歳以上になった。

2章　主体的・対話的で深い学びを実現する！社会科授業づくりの教科書　板書＆展開プラン　149

13 [私たちの暮らしと日本国憲法]

2　国民主権とはどのようなことだろうか？

(学習課題№79・1時間構成)

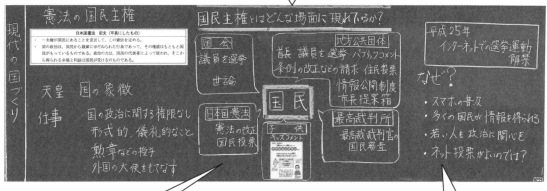

❶深い学びを生む学習問題
❷対話的な学びを生む協働
❸次時へ見通しをもつ主体的な学び

アクティブ・ラーニング的学習展開

❶ 深い学びを生む学習問題（かかわる）

発問：国民主権とは何か？

日本国憲法を学ぶ際には、子供たちに憲法の文章をしっかりと提示したい。

日本国憲法　前文（平易にしたもの）

・〜主権が国民にあることを宣言して、この憲法を定める。
・国の政治は、国民から厳粛にゆだねられた行為であって、その権威はもともと国民がもっているものである。政治の力は、国民の代表者によって使われ、そこから得られる幸福と利益は国民が受けるのものである。

　国民主権は憲法前文に明記されており、政治は国民から、国民の代表者によって委ねられたものだとある。つまり「選挙」が国民に与えられた大切な権利であることがここから読み取れる。一方で、戦前の大日本帝国憲法は「天皇主権」であった。現憲法では天皇は「国の象徴」と明記されている。この点についても子供たちとまとめておきたい。

天皇の主な仕事	・国の政治に関する権限はない ・法律や条約などの公布や国務大臣の任免など形式的、儀礼的なこと ・勲章などの授与　・外国の大使をもてなす　　など

本時のねらい

【思考力，判断力，表現力等】国民がどのように政治にかかわっているかを憲法をもとに調べ，市の政策などと結び付けて考えることができる。

❷ 対話的な学びを生む協働（つながる）

発問：国民主権とはどのような場面に表れているか？

国会	地方公共団体	地方公共団体
議員を選挙	首長・議員を選挙 条例の改正などの請求	パブリックコメント 住民投票
世論		情報公開制度 市長提案箱
日本国憲法	国民	最高裁判所
憲法の改正 国民投票		最高裁判所裁判官の 国民審査

　国民主権は国民がどのような形で政治に参加しているかを調べ，まとめていく。選挙などは小学生にとっては身近ではない部分もあるが，自治体のホームページからは，住民から意見を募集しているサイトが用意されていたり，キッズコメントという形で，子供からも意見を募集しているものもあるので，子供たちに紹介したい。

❸ 次時へ見通しをもつ主体的な学び（創り出す）

発問：なぜ，ネット選挙運動が解禁になったのか？

　平成25年からインターネットでの選挙運動が解禁になった。なぜ，ネットでの選挙運動が解禁になったのかを国民主権の観点で考えたい。

【ICT】…市政のホームページを提示。

評価　評価は以下の場面で考えられる

・❷の協働場面での評価…国民主権について理解しながら調べることができているか。
・❸の場面での評価

【模範解答例】ネットは今やスマートフォンなどで誰でも見られるから，立候補している人の情報が広まりやすい。／若い人も選挙に興味をもつことができる。／いずれはネットで投票できるようにすればもっと投票率が上がる。

13 [私たちの暮らしと日本国憲法]

3　基本的人権の尊重はどのように実現しているか？

(学習課題No.80・1時間構成)

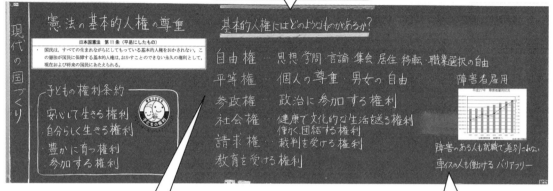

❶深い学びを生む学習問題
❷対話的な学びを生む協働
❸次時へ見通しをもつ主体的な学び

アクティブ・ラーニング的学習展開

❶ 深い学びを生む学習問題（かかわる）
　　発問：基本的人権の尊重とは何か？

ICT…「子どもの権利条約」を提示。

日本国憲法を学ぶ際には，子供たちに憲法の文章をしっかりと提示したい。

日本国憲法　第11条（平易にしたもの）

・国民は，すべての生まれながらにしてもっている基本的人権をおかされない。この憲法が国民に保障する基本的人権は，おかすことのできない永久の権利として，現在および将来の国民にあたえられる。

　基本的人権とは，誰もが生命や身体の自由を大切にされ，人間らしく生きる権利のことをいう。

　ここでは，「子どもの権利条約」（各自治体で制定）を取り上げ，子どもの権利を考えてみるとよい。

　　・安心して生きる権利　・自分らしく生きる権利
　　・豊かに育つ権利　　　・参加する権利

　自分たちに認められている「権利」を改めて実感することで，「基本的人権」とは何かを考え，調べ活動に入りたい。

本時のねらい

【知識及び技能】基本的人権とは何かを調べ、理解する。【思考力，判断力，表現力等】また，子どもの権利条約や障害者雇用促進法などの具体的事例を通して基本的人権の尊重について理解し，尊重する態度を養う。

❷ 対話的な学びを生む協働（つながる）

発問：基本的人権にはどのようなものがあるのか？

自由権	思想・学問の自由　言論・集会の自由　居住や移転，職業を選ぶ自由
平等権	個人の尊重　男女の平等
参政権	政治に参加する権利
社会権	健康で文化的な生活を送る権利　仕事に就いて働く権利　団結する権利
請求権	裁判を受ける権利
教育を受ける権利	

　これら一つ一つが権利として認められていることを確認していく。例えば，戦前の日本はどうであったか，江戸時代の頃はどうであったかを考えることで，日本という国が「民主化」し，国家として成長したことがわかる。また，権利だけではなく，国民としての義務を果たすことも必要であることもまとめる。

子供に教育を受けさせる義務	仕事に就いて働く義務	税金を納める義務

❸ 次時へ見通しをもつ主体的な学び（創り出す）

発問：右のグラフからわかることは？

　右のグラフは，障害者の雇用状況である。現在，我が国では障害者雇用促進法が制定され，各企業は2.0%の障害者の雇用義務を目標としている。この法律が意味するものを考えたい。

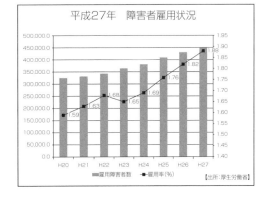

平成27年　障害者雇用状況
【出所：厚生労働省】

 評価は以下の場面で考えられる

・②の協働場面での評価…基本的人権について理解しながら調べることができているか。
・③の場面での評価

【模範解答例】障害のある人たちが就職で差別されないように法律で守っている。／車いすの人も働ける（バリアフリーの）環境を増やさないといけない。／2.0%の目標まで，もっと努力していかなければいけないと思う。

13 [私たちの暮らしと日本国憲法]

4　平和主義はどのように実現しているか？

(学習課題No.81・1時間構成)

❶深い学びを生む学習問題
❷対話的な学びを生む協働
❸次時へ見通しをもつ主体的な学び

アクティブ・ラーニング的学習展開

❶ 深い学びを生む学習問題（かかわる）
発問：平和主義とは何か？

ICT…原爆ドームを提示。

日本国憲法を学ぶ際には，子供たちに憲法の文章をしっかりと提示したい。

日本国憲法　第9条（平易にしたもの）

・日本国民は，正義と秩序に立つ国際平和を心から願って，戦争や武力を用いることは，国々の間の争いを解決する手段としては，永久にこれを放棄する。
・この目的を達するため，陸海空軍その他の戦力はもたない。国の交戦権は認めない。

日本は第2次世界大戦で大きな傷跡を負った。そして同時に近隣諸国にも大きな被害を与えた。この悲惨な戦争を繰り返さないために日本がこの憲法で掲げたのが「戦争放棄＝平和主義」である。日本は唯一の核兵器による被爆国であり，核兵器の恐ろしさを世界で一番知っている国だといえる。よって日本は核兵器を「もたない，つくらない，もちこませない」という非核三原則もまた世界に表明している。

〈原爆の火〉

戦争の傷跡が残る沖縄（地上戦），広島・長崎（原爆投下）などでは，毎年「平和を祈る式典」が行われ，多くの人が集まり，戦争放棄と平和を訴えている。その象徴的建造物である「原爆ドーム」は1996年に「世界遺産」に登録されている。

本時のねらい

【思考力，判断力，表現力等】平和主義とは何かを調べ理解する。また，原爆ドームの世界遺産登録や広島での平和記念式典を通して，平和が政治に反映していることを考える。

❷ 対話的な学びを生む協働（つながる）

発問：戦争の傷跡であった「原爆ドーム」をなぜ世界遺産に立候補したのか？

子供たちにとっては，原子爆弾は恐ろしい戦争兵器であり，広島や長崎の多くの命を奪ったものとして最悪な兵器である。その広島の戦争跡である「原爆ドーム」は，取り壊し案もある中，165万人の署名を受けて世界遺産の登録候補として立候補し，1996年に世界遺産に登録された。

国内へ向けて	世界へ向けて
・原爆被害を忘れてはいけない ・未来に伝えていかなければならない ・原爆ドームがある限り，みんな思い出すことができる ・広島や長崎の復興	・原爆がどれほど悲惨かを伝える ・戦争における日本の反省 ・このようなことを二度と起こしてはいけない ・世界の平和を願う

❸ 次時へ見通しをもつ主体的な学び（創り出す）

発問：2016年5月27日にアメリカのオバマ大統領が広島を訪問した意義は？

オバマはアメリカの大統領として初めて広島を訪問した。この訪問は全世界が注目し，各国で放送された。また，その年の12月27日には，日本の安倍首相がハワイ真珠湾を訪問した。

評価 評価は以下の場面で考えられる

・②の協働場面での評価…原爆ドームの世界遺産登録について考えをもてたか。
・③の場面での評価

【模範解答例】70年も経っているのに，両国のリーダーが訪れていないのは驚いた。／それだけ，戦争は解決も難しいと思った。／お互いの国の関係をこれからもよいものにしていくことが大切だ。／世界の平和のアピールになると思う。

13 ［私たちの暮らしと日本国憲法］

5　日本国憲法の意義をスピーチしよう！

（学習課題No.82・1時間構成）

本時のねらい

○憲法について調べてきたことを整理し，自分の考えをレポートにまとめることができる。
○日常生活と結び付けて，自分の考えを主張することができる。

　学習のまとめとして，「スピーチ原稿（レポート）」づくりを行う。日本国憲法の三大原則を理解し，具体的な視点でまとめ，課題等も含めながら。自分の考えを主張することができる。

アクティブ・ラーニング的記事作成

社会的な見方や考え方

ICT…タブレット端末などでスライドをつくり，わかりやすく話すように工夫する。

【空間的な見方・考え方】

・各地の自治体の取り組み（多文化共生学級，子ども人権新聞，選挙啓発ポスターなど）を調べ，まとめることができる。

【時間的な見方・考え方】

・日本の選挙制度はどのような経過を経て，今日に至ったのか，年表などでまとめてみる。

【相互関係に着目】

・日本国憲法での国民と国の関係，世界と日本の関係などに着目している。

【社会的事象を比較・分類・総合】

・大日本帝国憲法と現在の憲法を比較しながら，現在の憲法にはどのような特徴があるのかを考え，まとめることができる。

【現代と結び付ける見方・考え方】

・現在のまちでの取り組みと憲法の三本柱にかかわる取り組みを結び付けて憲法を感じて校区内の課題を発見し，市の取り組みと結び付けて考えることができる。

評　価

　スピーチ原稿（レポート）作成は，学んできたことから疑問に思ったことや改善したいことを見つけ，理由とともに提案することが重要である。わかりやすく伝えるための資料を適宜用意することが望ましい。

日本国憲法の意義

主張：

①	スライド
②	スライド
③	スライド

2章　主体的・対話的で深い学びを実現する！社会科授業づくりの教科書　板書＆展開プラン　157

14 ［日本とつながりの深い国々］

1 日本とつながりの深い国を探してみよう！

(学習課題No.83・1時間構成)

アクティブ・ラーニング的学習展開

❶ 深い学びを生む学習問題（かかわる）
発問：日本とつながりが深い国はどんな国か？

> ICT…つながりの深い国のデータを提示。

　世界には現在196の国や地域があり，人口は73億にも達する。世界の中で日本がどのような国とつながりが深いかを次の表から考えていく。

　現行学習指導要領では，貿易や経済協力などの面，歴史や文化，スポーツの交流などの面で

海外を訪れる日本人旅行者	①米国 ②韓国 ③中国 ④台湾 ⑤タイ ⑥香港（H24 観光局）
日本を訪れる外国人	①韓国 ②台湾 ③中国 ④米国 ⑤香港 ⑥タイ（H25 観光局）
海外に住んでいる日本人	①米国 ②中国 ③オーストラリア ④イギリス ⑤カナダ（H24 世界の統計）
日本に住んでいる外国人	①中国 ②韓国・北朝鮮 ③フィリピン ④ブラジル ⑤ペルー ⑥米国（H24 世界の統計）
日本の主な輸出相手国	①米国 ②中国 ③韓国 ④台湾 ⑤香港（H25 日本国勢図会）
日本の主な輸入相手国	①中国 ②米国 ③オーストラリア ④サウジアラビア ⑤アラブ首長国連邦 ⑥カタール ⑦韓国（H25 日本国政図会）

のつながりを取り上げることになっている。また，一部の地域に偏らないように調べる国を提示して選択させる手立てが必要である。ここでは，アメリカ，中国，ブラジル，サウジアラビアを選択したい。

158

本時のねらい

【主体的に学習に取り組む態度】我が国とつながりが深い国にはどんな国があるかを資料をもとに選択し，その国の人々の様子や日本とのつながりについて調べる計画を立て，表現することができる。

❷ 対話的な学びを生む協働（つながる）

発問：どんなことを調べるか考えよう。

提示した国の中から子供たちが関心のある国を選択して調べるようにする。しかし，国を調べるといっても，抽象的すぎて，難解な内容も多い。したがって，子供たちと相談しながら全チーム共通で調べることとその国の特徴を見つけ，まとめるようにする。

共通で調べること
①正式な国名　②首都　③位置　④人口　⑤国旗　⑥言語　⑦宗教　⑧通貨
⑨人々の暮らしの様子　⑩子供たちの様子　⑪日本とのつながり
その国を表す特徴
○国を代表する料理　○特徴的な国土や気候　○国を代表する産業

これらを共通認識して調べ学習に入る。また，調べ方，まとめ方の指導のために「日本」を課題にまとめてみるとよい。

共通で調べること
①日本　②東京　③アジアの一番東　④1億2709万人　⑤日の丸　⑥日本語
⑦半数が無宗教・3割が仏教　⑧円
⑨欧米文化を柔軟に吸収など　⑩義務教育９年間など　⑪アメリカとのつながりが強い
その国を表す特徴
○お米・寿司・天ぷら　○火山列島・地震が多い　○自動車産業・ゲーム産業・漫画

❸ 次時へ見通しをもつ主体的な学び（創り出す）

発問：どのように調べるか計画を立てよう。

調べ活動のための学習計画を立てる。インターネットが中心となるが，図書館で百科事典や統計を調べたり，地域にいる外国の方に取材することなども考えられる。

評価　評価は以下の場面で考えられる

・②の協働場面での評価…調べることについて意見を交流することができているか。

・③の場面での評価

【模範解答例】英会話の先生にアメリカのことを聞いてみる。／生活の中にその国のものがあるか探してみる。

2章　主体的・対話的で深い学びを実現する！社会科授業づくりの教科書　板書＆展開プラン　159

14 ［日本とつながりの深い国々］

2　日本とつながりの深い国を調べてまとめよう！

(学習課題No.84〜86・3時間構成)

　前時で確認した調べることをもとに，調べ活動の時間をとる。調べたことは整理し，発表することを意識し，新聞やポスターなどにまとめるようにする。

アメリカ

共通で調べること	
①アメリカ合衆国	②ワシントン D.C.
③北アメリカ大陸	④３億1700万人
⑤	⑥英語 ⑦キリスト教（70%） ⑧ US ドル
⑨国土が広く，自動車が必須／スポーツが盛ん／多文化社会／ハロウィンや感謝祭	
⑩スクールバスが多い／国旗に向かって忠誠／飛び級がある／コンピュータの授業	
⑪幕末にペリーがやってきた／太平洋戦争／日米安全保障条約／アメリカの文化が影響	
その国を表す特徴	
○広大な耕地で大規模農業／宇宙産業なども盛ん／国土が広く，６つのタイムゾーン ○世界をリード／広い国土と豊かな自然（グランドキャニオン，ナイアガラの滝）	

中国

共通で調べること	
①中華人民共和国	②北京
③東アジア	④13億7462万人
⑤	⑥中国語 ⑦無宗教（87%） ⑧元
⑨旧暦を採用，１月の下旬が正月（春節）／50以上の民族／中華料理も地域で違う	
⑩以前一人っ子政策があった／受験競争が激しい／飛び級がある／赤いスカーフ	
⑪弥生時代から交流／漢字や仏教などが伝わる／遣唐使／日中戦争／最大貿易相手国	
その国を表す特徴	
○人口13億人は世界一／日本の25倍の国土／世界中の企業が進出 ○経済特区には多くの外国の企業／国内総生産は日本を抜いて第２位	

本時のねらい

【知識及び技能】我が国とつながりが深い国の人々の様子について，資料で調べたり，外国人教師などに取材したりしながら，わかりやすくまとめ，表現することができる。

サウジアラビア

共通で調べること	
①サウジアラビア王国	②リヤド
③西アジア・アラビア半島	④2900万人
⑤	⑥アラビア語 ⑦イスラム教（国教） ⑧サウディ・リヤル
⑨イスラム教に基づいた暮らし／１日に５回のお祈り／外では女性は肌を見せない服装	
⑩高校３年生まで無料／イスラム教の勉強／男女別／放課後は暑く遊ぶのは夕方	
⑪日本の石油の輸入の３割をサウジアラビアから輸入している	
その国を表す特徴	
○国土の大部分が砂漠／石油輸出量世界一／石油で得た利益で国内の開発 ○１カ月間日中に食べ物を食べないラマダン／国民から税金をとらない	

ブラジル

共通で調べること	
①ブラジル連邦共和国	②ブラジリア
③南アメリカ大陸	④１億9800万人
⑤	⑥ポルトガル語 ⑦キリスト教カトリック（73％） ⑧レアル
⑨南半球にあるので季節が日本と逆／サッカーが盛ん／多民族社会	
⑩小学校は５年生まで／成績が悪いと落第／教室の中に多くの民族	
⑪1908年からブラジルへの移住／日系人が多く住む	
その国を表す特徴	
○世界最大のアマゾン川と大森林／コーヒー豆，サトウキビの収穫／日本の23倍の国土 ○キリストの祭りリオのカーニバルは世界的にも有名	

2章　主体的・対話的で深い学びを実現する！社会科授業づくりの教科書　板書＆展開プラン　161

14 [日本とつながりの深い国々]

3　世界の人とともに生きていくためには？

(学習課題№87・1時間構成)

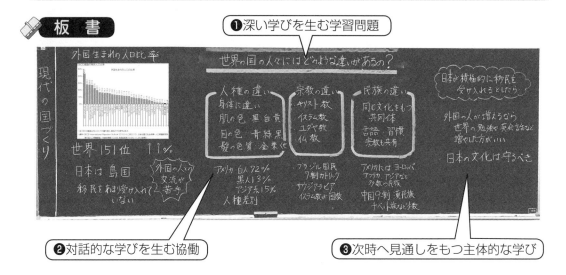

❶深い学びを生む学習問題
❷対話的な学びを生む協働
❸次時へ見通しをもつ主体的な学び

アクティブ・ラーニング的学習展開

❶ 深い学びを生む学習問題（かかわる）
発問：次のグラフから気が付いたことを話し合おう。

ICT…グラフの提示。

　右のグラフは，外国生まれの人口比率である。日本の外国人比率は1.1%であり，世界的に見ると151位である。つまり，日本は国内ではそれほど外国人と交流する機会が多いわけではないことがわかる。これは，日本が島国であることや，国がこれまで積極的に移民を受け入れていなかったことが原因として考えられる。そういう意味で，日本人は，日本人同士での生活が当たり前であり，違った言語や文化の理解に関しては苦手意識をもつ人が多い。しかし，人口減少，少子高齢化時代に至り，国も移民を受け入れようという動きもある。<u>世界の人々と上手に交流するためにはどんなことを理解することが必要か？</u>をこの単元のまとめとして話し合わせたい。

本時のねらい

【思考力，判断力，表現力等】世界には日本と異なる文化や習慣をもつ国が存在し，外国の人々とともに生きていくためには，異なる文化や習慣を理解し合うことが大切であることを考える。

❷ 対話的な学びを生む協働（つながる）

発問：世界の国民にはどのような違いがあるのか？

子供たちが調べてきた国の様子を手立てとして，国にはどんな違いがあるのか，日本とはどんな違いがあるのかを話し合い，今後，世界と交流していく際に私たちが理解しなければならないことを考える。

人種の違い	宗教の違い	民族の違い
・身体に違いがある ・肌の色が黒や白など ・目の色が青や緑 ・髪の毛の色が金や栗毛	・キリスト教 ・イスラム教 ・ユダヤ教 ・仏教　　など	・同じ文化をもつ共同体 ・言語や習慣，宗教なども共有
・アメリカは白人72％，黒人13％，アジア系15％。白人による黒人の人種差別が未だ問題	・ブラジル国民の7割がキリスト教カトリック ・サウジアラビアではイスラム教が国教	・アメリカはヨーロッパ系，アフリカ系，アジア系などの多民族 ・中国は9割漢族で，チベット族など少数民族

調べた国々を比較すると，人種や宗教，民族といった違いがあり，日本とは全く違う文化や環境で世界の人々は暮らしている。単なる趣味や嗜好の違いではなく，場合によっては生き方，考え方そのものが違うことを受け入れていくことが世界の人々との交流に必要な態度であることを，特に日本人は学んでいくべきである。

❸ 次時へ見通しをもつ主体的な学び（創り出す）

発問：今後，日本が移民を積極的に受け入れていくことをどう思うか？

現在，「高度人材」（世界で通用する専門知識，技術をもつ人）の受け入れを段階的に拡大している。今後，日本も多様な人種，民族の国になっていくことを想像して自分なりの考えをもたせたい。

評価　評価は以下の場面で考えられる

・②の協働場面での評価…複数の視点で，自分が調べたことを整理することができているか。

・③の場面での評価

【模範解答例】外国人が増えていくなら，もう少し学校でも世界の勉強をするべきだ。／外国の人を受け入れるのはよいことだが，日本の文化は守りたい。

2章　主体的・対話的で深い学びを実現する！社会科授業づくりの教科書　板書＆展開プラン　163

15 [世界の中の日本]

1 世界にはどんな問題があるのか？

(学習課題No.88・1時間構成)

❶ 深い学びを生む学習問題
❷ 対話的な学びを生む協働
❸ 次時へ見通しをもつ主体的な学び

アクティブ・ラーニング的学習展開

❶ 深い学びを生む学習問題（かかわる）
発問：次の資料からどんなことがわかるか。

ICT…ハンガーマップの提示。

右の資料は，国際連合世界食糧計画（WFP）が発行している「世界の飢餓状況」（ハンガーマップ）である。これを見ると，世界には国民の4人に1人が栄養不足で苦しんでいる国が数多くあることに気が付く。これまで，日本の歴史，現在を学んできた子供たちは，日本が国内のいろいろな問題を解決しながら現在に至ることを学んできたといえる。小学校最後の社会科単元では，世界に目を向けて，世界の諸問題を知り，それを世界でどのように解決していけばよいかを学んでいく。そこで，子供たちに世界には飢餓などの他にどのような問題があるのか？といった学習問題を立て，調べ活動に入りたい。

本時のねらい

【思考力，判断力，表現力等】世界の諸問題を調べ，その解決のために世界はどのようにまとまり，動いているのかを予想し，考えることができる。

❷ 対話的な学びを生む協働（つながる）
発問：世界にはどのような問題があるのか？

これまで学んできたことや生活経験をもとに表現させたい。

戦争や紛争	貧困問題	環境問題
・中東，アフリカなど，世界には国内での紛争や，空爆などで危険な地域がある	・十分な栄養を得られない国が存在している ・学校に通えない子供たちがいる	・地球温暖化 ・オゾン層破壊 ・森林破壊 ・消える生物の多様性
人口問題	難民問題	健康問題
・世界では1年で7800万人増えている ・2050年には93億人 ・食料問題	・中東やアフリカからヨーロッパへの難民が1年に100万人を超える ・紛争が背景	・治療法のない感染病 ・HIVウィルス ・エボラ出血熱 ・鳥インフルエンザ

このように，世界には様々な問題がある。これらの問題を解決していくためには，問題を抱えている国だけでは不可能であり，世界の国々が協力していかなければならない。そのためにある組織が国際連合であることに気付かせていきたい。

❸ 次時へ見通しをもつ主体的な学び（創り出す）
発問：世界の様々な問題をどう思うか。

世界には多くの問題があることがわかったが，子供たちにとっては身近な問題であるとはいいがたい。世界の問題を具体的に提示することで，自分事として捉えさせたい。

評価　評価は以下の場面で考えられる
・❷の協働場面での評価…複数の視点で，自分が調べたことを整理することができているか。
・❸の場面での評価

【模範解答例】世界に多くの問題があることがわかったが，どのように解決しようとしているのか知りたい。／これらの問題について日本はどのようにかかわっているのか？／自分たちにできることはないのか。

15 [世界の中の日本]

2　国際連合はどのような働きをしているのか？

(学習課題No89・1時間構成)

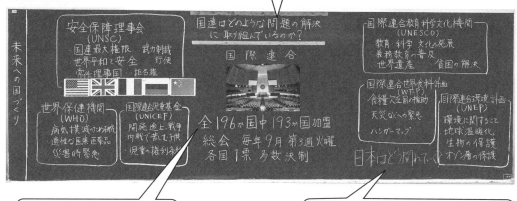

❶深い学びを生む学習問題

❷対話的な学びを生む協働

❸次時へ見通しをもつ主体的な学び

アクティブ・ラーニング的学習展開

❶ 深い学びを生む学習問題（かかわる）
発問：次の資料からどんなことがわかるか。

ICT…国際連合の総会議事堂を提示。

右の写真は，国際連合の総会議事堂である。子供たちには次のことに気付かせたい。

・国際連合のマークがある。
・たくさんの座席がある。
・演説をするような場所がある。

現在，国際連合には，全196カ国（台湾，パレスチナ，ソマリランドなどは国として

承認されていない）のうち，193カ国（北朝鮮は日本が承認していないが国連加盟国）が国連に加盟している。この総会は，毎年9月の第3週の火曜日に開催され，各国が1票の表決権をもっており，多数決制（重要問題は3分の2）がとられている。世界で起きているあらゆる問題がここで話し合われる。では，国連はどのような問題の解決に取り組んでいるのか？　ここでは，国連が具体的に取り組んでいる働きを学ぶために，国連の組織を調べていくようにしたい。

本時のねらい

【知識及び技能】資料を活用して集めた情報をもとに，国際連合の様々な機関とその活動が世界の平和と安全を守っていることを読み取り，まとめることができる。

❷ 対話的な学びを生む協働（つながる）

発問：国連はどのような問題の解決に取り組んでいるか？

前時の世界の課題と照らし合わせ，該当する主要機関を調べていくようにしたい。

安全保障理事会 （UNSC）	国際連合教育科学文化機関 （UNESCO）	国際連合世界食糧計画 （WFP）
・国連で最も大きな権限 ・世界平和と安全の維持 ・常任理事国（米英仏露中） ・武力制裁の行使	・教育，科学，文化の発展と推進を目的とする ・義務教育の普及 ・世界遺産の登録と保護 ・極度の貧困の半減	・食糧欠乏国への食糧援助と天災などの被災国に対する緊急援助 ・ハンガーマップの作成
世界保健機関 （WHO）	国際連合児童基金 （UNICEF）	国際連合環境計画 （UNEP）
・病気撲滅のための研究 ・適正な医療・医薬品の普及 ・災害時緊急対策	・開発途上国，戦争や内戦で被害を受けている子供の支援 ・児童の権利条約の普及	・環境に関する諸活動 ・地球温暖化対策 ・生物の保護 ・オゾン層の保護

国連にはこの他にも多くの機関があるが，子供たちにとって難解な部分もあり，これらを学ぶことで世界が協力して課題に取り組んでいることを理解できるようにする。グループに分かれ，それぞれどのような取り組みをしているか発表することも考えられる。

❸ 次時へ見通しをもつ主体的な学び（創り出す）

発問：日本はどのようにかかわっていくことが必要か。

日本が国際連合の中でどのようにかかわっていくことが大切かを考えてみる。そこから次時の学習へとつなげていきたい。

評　価　　評価は以下の場面で考えられる

・②の協働場面での評価…複数の視点で，自分が調べたことを整理することができているか。

・③の場面での評価

【模範解答例】京都議定書というのを聞いたことがある。他にもかかわっていることがあるのか？／自衛隊が海外派遣されているのもこの活動の一つなのか？

2章　主体的・対話的で深い学びを実現する！社会科授業づくりの教科書　板書&展開プラン　167

15 [世界の中の日本]

3　日本はどのようにかかわっているのか？

（学習課題No.90・1時間構成）

板書

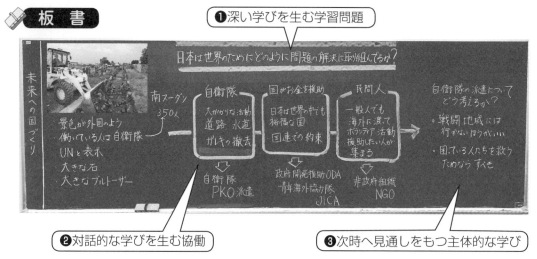

❶深い学びを生む学習問題
❷対話的な学びを生む協働
❸次時へ見通しをもつ主体的な学び

アクティブ・ラーニング的学習展開

❶　深い学びを生む学習問題（かかわる）
発問：次の資料からどんなことがわかるか。

ICT…南スーダンのPKOの様子を提示。

　右の写真は，南スーダンでコミュニティ道路を整備する日本の陸上自衛隊の様子である。子供たちには次のことに気付かせたい。

・景色からいって外国のようだ。
・働いている人たちは自衛隊。
・UNと書いてある。
・大きな石を片付けている？
・大きなショベルカーがある。

（陸上自衛隊ホームページより）

　南スーダンは，長年の南北スーダン間の内戦から，2011年7月にようやく独立を果たしたが，国内における政治的混乱の解決が南スーダンの国づくりの大きな課題となっている。我が国の自衛隊は2012年1月から順次派遣されており，道路等のインフラや敷地等の整備を実際に行っている。2017年1月現在，約350名が派遣されている（※2017年5月に一定の区切りがついたため，全部隊撤収）。

　ここでは，自衛隊が海外で道路をつくっている事実から，<u>日本がどのように世界の課題にかかわっているか？</u>を予想し，調べていくようにする。

本時のねらい

【知識及び技能】世界平和の大切さと我が国が世界において重要な役割を果たしていることを理解する。

❷ 対話的な学びを生む協働（つながる）

発問：日本は世界のためにどのように問題の解決に取り組んでいるか？

・自衛隊の例をもとに日本のかかわり方を想像し，調べ活動に入るとよい。

自衛隊の活動	国がお金を援助	民間人の派遣
・自衛隊は大がかりなことをしている ・道路をつくったり，水道をつくったりなど ・瓦礫の撤去など	・日本は世界の中では裕福な国だから，お金で援助しているのではないか ・国連で決められている	・一般人でも海外にわたってボランティア活動をしている人がいる ・援助したい人が集まって組織
⬇	⬇	⬇
自衛隊PKO派遣	政府開発援助（ODA） 青年海外協力隊（JICA）	非政府組織（NGO）

　ここでは，日本が世界のために協力している形をまとめていき，日本が様々な形で世界のために支援していることに気付かせる。南スーダンでの自衛隊のPKO活動は2017年3月までの派遣期間となっているが，現地は治安が不安定で危険性が指摘されている（※2017年5月に一定の区切りがついたため，全部隊撤収）。また，日本のODAの活動として，無償資金協力を行い，幹線道路の整備などの資金を提供している。現地にはJICAの人たちが入り，現地の人々に職業技能の習得や職業訓練を行い，人材育成を行っている（2016年7月に現地の情勢悪化でODA関係者退避）。JVC（日本国際ボランティアセンター）もNGOとして現地で避難民への支援活動を行っている。

　このように，自衛隊やODA，NGOが協力して紛争・災害地域の復興支援が行われている。

❸ 次時へ見通しをもつ主体的な学び（創り出す）

発問：自衛隊の派遣についてどう考えるか？

　自衛隊の派遣は，憲法9条との兼ね合いで国内でも意見が分かれている。子供たちも世界の情勢を学んだ上で考えてみることもこれから重要である。

評価　評価は以下の場面で考えられる

・②の協働場面での評価…複数の視点で考えることができているか。

・③の場面での評価

【模範解答例】戦闘地域の派遣はやめたほうがよい。それ以外の地域では支援を積極的に行えばよいと思う。

2章　主体的・対話的で深い学びを実現する！社会科授業づくりの教科書　板書＆展開プラン　169

15 [世界の中の日本]

4 巨額のODAは本当に必要なのか？

(学習課題No.91・1時間構成)

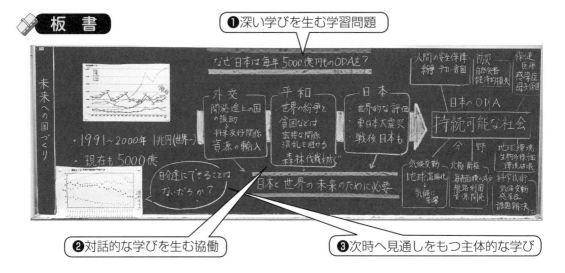

❶深い学びを生む学習問題
❷対話的な学びを生む協働
❸次時へ見通しをもつ主体的な学び

アクティブ・ラーニング的学習展開

❶ 深い学びを生む学習問題（かかわる）
発問：次の資料からどんなことがわかるか。

ICT…ODA予算をグラフで提示してもよい。

下の表は，日本におけるODA当初予算の推移である。

年度	2011	2012	2013	2014	2015	2016
予算額（億円）	5,727	5,612	5,573	5,502	5,422	5,519

　ODAとは，開発途上地域の開発を目的とした政府の国際協力活動のための公的資金のことをいう。ODAは資金を贈与する場合もあれば，貸し付けする場合もある。また技術提供という形もある。日本はここ数年は毎年5000億円規模の援助をODAとして支出しているが，1991年から2000年までは1兆円規模の援助を行い，ODA世界一の国であった。この金額を子供たちに提示する。5000億円といえば，東京スカイツリーが10本近く立つ金額である。子供たちは「そんなにお金を出して大丈夫なのか？」「東日本大震災の復興に当てたほうが…」という気持ちになるはずである。そこで，なぜ日本は毎年，5000億円ものODAを援助しているのか？という学習問題を提示する。複数の視点で考えた後に，ODAの具体的な内容を調べていくとよい。また，ODA援助決定の新聞記事などをつかって問いを生んでもよい。

本時のねらい

【思考力，判断力，表現力等】ＯＤＡが地球環境の悪化を防ぎ，持続可能な社会を実現するために，価値ある取り組みであることを事例をもとに考える。

❷ 対話的な学びを生む協働（つながる）

発問：なぜ，日本は毎年5000億円ものＯＤＡを援助しているのか？

外交	平和	日本
・開発途上の国を援助することで，将来的に友好関係がつくれる ・資源などを優先的に輸入できる	・世界の紛争の多くは開発途上が原因 ・開発を支援することで不必要な混乱を避け，紛争も防げる ・森林伐採につながる	・世界的な評価が高まる ・もしも日本に何かがあったとき…東日本大震災でも援助が ・戦後日本も巨額の支援を受けている

多面的に考えていくことで，ＯＤＡの価値に気付かせたい。将来的な価値という点につなげていくことが重要である。何より日本も戦後，アメリカから現在の価値だと12兆円の援助を受け，世界銀行から6兆円，国際ＮＧＯから4,400億円の資金や物資，ユニセフから1,300億円など膨大な援助を受けている。日本が現在あるのはこのような支援があったからに他ならない。また，日本のＯＤＡは以下のような開発協力を行っている。

人間の安全保障…紛争やテロ，貧困などの防止	防災…自然災害などによる経済的損失	保健・医療…感染症の蔓延や母子保健
気候変動…地球温暖化を原因とする気候変動	持続可能な社会を目指す豊かさだけを追い求めるのではなく，限りある資源を世界で公平に分けていく	地球環境…生物多様性の損失や環境破壊
北極・南極…海氷面積の減少，航路利用，資源開発		科学技術…気候変動や，感染症などの課題解決

❸ 次時へ見通しをもつ主体的な学び（創り出す）

発問：自分たちにできることはないか？

日本の役割がわかったところで，世界の課題を自分事にしていく。自分たちができることで考え，ユニセフ募金や非節約な生活を見つめ直すことを考えさせたい。

評価　評価は以下の場面で考えられる

・②の協働場面での評価…複数の視点で考えることができているか。

・③の場面での評価

【模範解答例】ユニセフ募金を学校で計画したい。／生活の中の無駄づかいを見つけて，改善していくことも大切だ。

2章　主体的・対話的で深い学びを実現する！社会科授業づくりの教科書　板書＆展開プラン　171

15 [世界の中の日本]

5　ユニセフはどのような働きをしているのか？

(学習課題No.92・1時間構成)

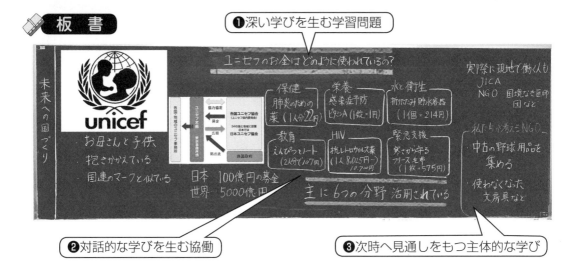

❶深い学びを生む学習問題
❷対話的な学びを生む協働
❸次時へ見通しをもつ主体的な学び

アクティブ・ラーニング的学習展開

❶ 深い学びを生む学習問題（かかわる）
発問：ユニセフってどんな機関？

ICT…ユニセフのホームページを提示。

UNICEF（国際連合児童基金）は1946年に設立された国連機関である。ユニセフを考えるきっかけとして，右のマークの意味を子供たちと考えてもよい。ユニセフは世界中の子供たちの命と健康を守るための活動をしている。全ての子供たちの権利が守られる世界を実現するために，世界150以上の国と地域で，保健，栄養，水・衛生，教育，HIV，保護，緊急支援，政策提言などの活動を実施している。

　子供たちにとって，世界の困っている国々のために自分たちができることを考えたときに「募金をしたい」という考えが出てくるが，ただお金を払えばよいということではなく，その募金がどのような流れで，どのように活用されているのかを調べさせるようにしたい。そこで，ユニセフのお金はどのようにつかわれているのか？という学習問題を立てて，調べ活動に取り組ませたい。

本時のねらい

【思考力，判断力，表現力等】ユニセフの活動を調べ，まとめる活動やＮＧＯで働く人々の活動を通して，世界が助け合っていくことが，持続可能な社会の実現につながることを考える。

❷ 対話的な学びを生む協働（つながる）
発問：ユニセフのお金はどのようにつかわれているのか？

我々がよく目にするユニセフ募金は，日本ユニセフ協会を通して，ユニセフ本部に送られる。2015年の募金総額は1億2046米ドルで日本円にしておよそ100億円の支援額となる。また日本政府からも1億6052万米ドルが拠出されている。世界各国から51億1200万米ドル，日本円にしておよそ5000億円が集まり，その90％以上を開発支援に充てている。

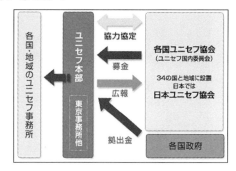

保健	栄養	水と衛生
肺炎のための抗生物質（1人分約22円）	感染症にかかりにくくするビタミンA（1錠＝1円）	運搬・貯水用の折りたたみ式貯水容器（1個＝214円）
教育	HIV／エイズ	緊急支援
えんぴつとノート（2人分で107円）	抗レトロウィルス薬（1人当たり8,025円～10,700円）	寒さから守る大きめのフリース製毛布（1枚＝575円）

❸ 次時へ見通しをもつ主体的な学び（創り出す）
発問：ユニセフ募金以外に援助することはできないのか？

ＮＧＯ（非政府組織…国境なき医師団など）のように，政府の活動とは別に支援が必要とされる国へ行き，現地の助けとなる活動をする人々もいることも伝え，子供たちなりのＮＧＯを企画する。

評価 評価は以下の場面で考えられる

・②の協働場面での評価…複数の視点で考えることができているか。
・③の場面での評価

【模範解答例】中古のバットやグローブを集めて，現地の子供たちに野球を教えるＮＧＯをつくる。／学校の中にある落とし主がわからない文房具などを集めて，寄付するＮＧＯをつくる。／感染病予防のためにマスクの装着や手の洗い方を指導するＮＧＯをつくる。

15 [世界の中の日本]

6　2020年の東京オリンピックにはどんな願いが込められているのか？

(学習課題No.93・1時間構成)

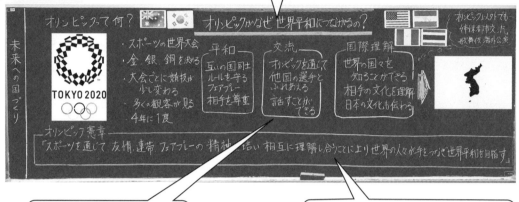

❶深い学びを生む学習問題
❷対話的な学びを生む協働
❸次時へ見通しをもつ主体的な学び

アクティブ・ラーニング的学習展開

❶　深い学びを生む学習問題（かかわる）

発問：オリンピックとは何か？

ICT…これまでのオリンピックの提示。

右のマークは，2020年に開催が決定している東京オリンピックのマークである。子供たちに何かを聞けば，おそらくすぐに「2020年の東京オリンピックのマーク」というであろう。では，「オリンピックとは何？」と聞くとどうであろうか。以下のような答えが返ってくるであろう。

・スポーツの世界大会で世界の1位2位3位を決める。
・競技は大会ごとに少し違う。
・多くの観客が見ることができる。
・4年に一度行われる。

子供たちにとってオリンピックはスポーツの大会というイメージが強い。しかし，オリンピック憲章の第1章には「スポーツを通じて，友情，連帯，フェアプレーの精神を培い相互に理解し合うことにより世界の人々が手をつなぎ，世界平和を目指す」とある。<u>なぜ，オリンピックを行うことが世界平和につながるのか？</u>という問いを生み，国際交流の意義を考えさせたい。

本時のねらい

【思考力，判断力，表現力等】オリンピックを通して文化やスポーツなど世界の国々と日本の交流について調べ，世界の国々とどのように交流していけばよいか考える。

❷ 対話的な学びを生む協働（つながる）

発問：オリンピックがなぜ，世界平和につながるのか？

平和	交流	国際理解
・互いの国同士，ルールを守って戦うことでフェアプレー精神をもつ ・勝っても負けても相手を尊重できる	・オリンピックを通じて，他の国の選手と触れ合うことができる ・互いの言語で話すことができる	・世界の国々を知ることができる ・他の国の選手の習慣や文化や日本について理解し合える

オリンピックでは，各国の国旗が掲揚されたり，表彰式では各国の国歌が流れたりする。それらはその国の文化や歴史を表し，互いに独立した国であることを認め合うための大切なものである。シドニーオリンピックでは，韓国と北朝鮮が「コリア」チームとして入場したり，リオオリンピックでは，母国を失った人々による「難民選手団」が一つのチームとして形成されて入場したりした。メルボルンオリンピックの閉会式では，戦争，政治，国籍を全て忘れ，選手みんなが一つの国になるという構想で選手が入り乱れて入場する形をとった。この閉会式の入場行進は現在も受け継がれている。このようにオリンピックの舞台を通して，同じ人間同士が理解し合い平和を目指すことがオリンピックの最大のテーマなのである。

❸ 次時へ見通しをもつ主体的な学び（創り出す）

発問：他にも国同士が交流する場面を探してみよう。

世界の国々が交流する場はオリンピックだけではない。テレビのニュースや新聞記事から，そのような場面を見つけ，国際交流の意義を考えられるようにしたい。

評価　評価は以下の場面で考えられる

・②の協働場面での評価…複数の視点で考えることができているか。
・③の場面での評価

【模範解答例】姉妹都市というのがあって，互いのまちで交流しているよ。／相撲や歌舞伎が海外で公演されていることを聞いたことがある。／韓国のドラマが日本でたくさん流れているよ。

15 [世界の中の日本]

7 ワンミニッツビデオで 平和な世界を訴えよう！

(学習課題No.94・1時間構成)

本時のねらい

○国際社会について調べてきたことをもとに，世界に対しての伝えたい自分の考えを動画にまとめることができる。
○国際交流や国際協力と結び付けて，自分の考えをまとめることができる。

　学習のまとめとして，「動画作成」を行う。国際交流や国際協力を理解し，自分たちができることを具体的な視点で考え，協働的な動画作成を通して，世界の様々な課題を解決するためのメッセージを伝えることができる。

アクティブ・ラーニング的記事作成

社会的な見方や考え方

ICT…ワンミニッツビデオ／ユニセフのホームページ https://www.unicef.or.jp/oneminute/

【空間的な見方・考え方】

・世界の国々の困っている実態や，日本が取り組んでいることなどを調べ，動画の中に盛り込むことができる。

【時間的な見方・考え方】

・環境破壊がどのような経緯で進んできたか，紛争がどのような経緯で進んできたかなどを調べ，計画することができる。

【相互関係に着目】

・世界の課題と国連の役割，日本の取り組み，ユニセフの募金がどのように役立っているかなど，それぞれの関係に着目している。

【社会的事象を比較・分類・総合】

・世界の国々の生活，文化，社会などを比較しながら，日本のよさを再確認したり，他国のよさを発見することができる。

【現代と結び付ける見方・考え方】

・ユニセフ募金などを自分たちで計画して取り組むにはどうすればよいか考える。

評　価

　動画作成は，国際協力や国際交流について学んできたことから，自分たちでもできることを見つけ，動画の特徴を生かしてわかりやすく伝えることが重要である。ユニセフに投稿することを考え，相手意識をもって取り組むことが求められる。

176

ワンミニッツビデオ　絵コンテ

主張：

① （　　　　）秒	絵コンテ

② （　　　　）秒	絵コンテ

③ （　　　　）秒	絵コンテ

1 縄文から古墳へ
2 飛鳥から平安へ
3 鎌倉から室町へ～武士の政治
4 戦国から安土桃山へ～3人の武将と天下統一
5 江戸幕府と政治の安定
6 町人の文化と新しい学問
7 明治維新を進めた人々
8 二つの戦争と日本の発展
9 太平洋戦争と人々の暮らし
10 平和を目指した国づくり
11 地方自治と私たちの暮らし
12 現代の国づくり
13 私たちの暮らしと日本国憲法
14 日本とつながりの深い国々
15 世界の中の日本

おわりに

　本書でつかわれている資料例の多くは，私自身が撮影したものや教材研究の中で見つけた資料である。

　私は，機会があればなるべく，地元の北海道から出て，他地域の研究会やセミナーに参加するようにしている。それは，自分自身の研鑽を積むためでもあり，視野を広げるためでもあり，そして何よりも，見知らぬ土地に赴いて「何か教材化できるものがないか」と，多くの「人・もの・こと」に触れることをこの上なく楽しみと感じているからである。したがって，現地に着くと，とにかく一人でその街を歩いたり，レンタカーを借りて，街を探索する。繁華街の様子は？　交通網はどうなっているのか？　地元のソウルフードは何か？　歴史的背景は？　ゆかりのある著名人は？などを求めながら探索するのである。最近は本当に便利な時代になったもので，スマートフォン一つあれば頭に浮かぶ疑問はすぐに解決することができ，また道案内もしてくれるのでありがたい。

　先日，佐賀に行ったときは，街を歩いているとやたらと川があることに気付いた。しかし，よく見るとその川には流れがない。そこで立ち止まり，佐賀市内の地図を調べてみると，無数の川が存在することに気付く。そこで，これは川でなく「水路」であることに気付いた。「そういえば，昔，中学校の地理の学習で習ったことが…確か'クリーク'といったような…」と私の中で記憶の中にある知識がつながった。さらに調べていくと，佐賀藩の武将，成富茂安まで行き着くことができた。その後は，クリークを見つけては写真に撮り，どう教材化しようかと考えながら歩いていたものである。

　鎌倉の街を歩いたときもそうである。鎌倉幕府は一方を海，三方を山で囲まれた地の利を生かした幕府であり，そこに入るのはいくつかの「切り通し」だけであったと教科書では取り扱われている。そこで，私は東京に研修に行った際に，鎌倉まで電車で移動して（意外と速く，1時間くらい），大仏坂切り通しや極楽寺坂切り通しを歩いてみた。そこは勾配があり，まさに山を越えて幕府に入っていく感覚を味わったものである。

　「アクティブ・ラーニング」とは，こういうことなのだろう。ちょっとしたことに興味をもち，「かかわろう」とする。どういうことなんだろう？　何か意味があるのか？と，そのものの「つながり」を見つけようとする。そして学んだことを，自らの糧としたり，生活に生かしたり，誰かに伝えたり…自分の中の知恵として「創り出す」ことを生涯にわたって取り組んでいくことこそ，新しい学習指導要領が求める「資質・能力」なのであろう。

つまり，それを教える教師こそ，「アクティブ・ラーナー」であるべきだと考える。知識の量で学力を測る時代は終わり，目まぐるしく変化し，増えていく知識に対して，生涯にわたり，学んでいく力を今の子供たちに付けていかねばならないのだ。そう考えると，教師こそ「学んでいる」姿を見せなければならない。

　平成29年３月に新学習指導要領が公示された。いよいよ「アクティブ・ラーニング＝主体的・対話的で深い学び」の幕開けである。私自身は，この「アクティブ・ラーニング」という言葉を単なる流行廃りの言葉にしてほしくないと切に願う。それは，こんなにも業界に浸透した言葉が今までなかったからである。平成26年に当時の文科大臣より諮問された中に登場した「アクティブ・ラーニング」は，よくも悪くもその言葉が一人歩きし，多くの意味付けや価値付けがされ，ふくれあがっていった。誤解もいろいろあったであろうが，これほどまで，教師のみならず世間を巻き込んで広まった言葉はないであろう。しかし，この風船を「パン」と割ってしまってほしくはないのだ。「アクティブ・ラーニング」の意味合いは，新学習指導要領で「主体的・対話的で深い学び」と決着がついたわけである。ここからが大切なのだ。せっかくできあがった大きなランドマークになる「アクティブ・ラーニング」という風船を目印に，ぜひ全国の教師たちが「アクティブ・ラーニング」を生み出す授業を実践してほしいと願う。そうすることで，新学習指導要領が目指す新しい時代の「資質・能力」を身に付けた子供たちが育っていくのだ。

　教師は，この大きな風船…もはや「アクティブ・ラーニング」と書かれたアドバルーンを見失うことなく，自らがアクティブ・ラーナーとして実践を積んでいくことを願っている。

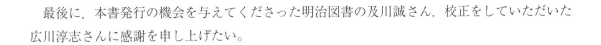

　本書がその一助となることを期待する。

　最後に，本書発行の機会を与えてくださった明治図書の及川誠さん，校正をしていただいた広川淳志さんに感謝を申し上げたい。

朝倉　一民

【著者紹介】
朝倉　一民（あさくら　かずひと）
北海道札幌市立屯田北小学校主幹教諭（教務主任）。2009年日教弘教育賞全国奨励賞受賞（個人部門），2010年・2011年全日本小学校HP大賞都道府県優秀校受賞，2014年日教弘全国最優秀賞受賞（学校部門・執筆），2015年パナソニック教育財団実践研究助成優秀賞受賞，2016年北海道ＮＩＥ優秀実践報告受賞

【所属・資格】北海道社会科教育連盟，北海道雪プロジェクト，北海道NIE研究会，IntelMasterTeacher，NIEアドバイザー
【単著】『子ども熱中！ 小学社会「アクティブ・ラーニング」授業モデル』（明治図書）
【共著】『授業づくりとメディアの活用』（ジャストシステム），『日常の授業で取り組む学力向上』（日本教育新聞社），『THE 見える化』『THE 学級開きネタ集』（以上，明治図書）

主体的・対話的で深い学びを実現する！
板書＆展開例でよくわかる
社会科授業づくりの教科書　6年

| 2018年3月初版第1刷刊 | ©著　者 | 朝　　倉　　一　　民 |
| 2019年1月初版第4刷刊 | 発行者 | 藤　　原　　光　　政 |

発行所　明治図書出版株式会社
http://www.meijitosho.co.jp
（企画）及川　誠（校正）広川淳志・㈱東図企画
〒114-0023　東京都北区滝野川7-46-1
振替00160-5-151318　電話03(5907)6704
ご注文窓口　電話03(5907)6668

＊検印省略　　　組版所　藤原印刷株式会社

本書の無断コピーは，著作権・出版権にふれます。ご注意ください。

Printed in Japan　　　　ISBN978-4-18-229627-7

もれなくクーポンがもらえる！読者アンケートはこちらから　→

いつでも・だれでも・どこでも NIE
楽しく気軽に出来る授業づくりのヒント

土屋武志 監修　碧南市立西端小学校 著

「社会を見る目」や情報リテラシーを鍛える！NIE授業

「教育に新聞を！」これからの子ども主体の学びを支えるものとして、新聞は格好の教材です。新聞比較によるリテラシー向上や、社会を見る目、「見方・考え方」を育てる取り組みなど、ＮＩＥ授業づくりの基礎基本と情報活用能力を高める授業モデルを豊富に紹介しました。

Ｂ５判　96頁
本体 1,460円＋税
図書番号 0957

よくわかる学校現場の教育心理学
AL時代を切り拓く10講

堀　裕嗣 著

AL時代を切り拓く教師の生き方とは？世界を広げる10講

主体的・対話的で深い学び、いわゆるアクティブ・ラーニングが導入されるなど、激変する教育現場。ＡＬ時代を生き抜くには、教師は何をすべきなのか？「行動主義」と「認知主義」の学習理論、動機付け、メタ認知の視点から考える"ＡＬ時代を切り拓く"１０の提案です。

四六判　144頁
本体 1,560円＋税
図書番号 0989

［THE教師力ハンドブック］特別支援学級の子どものためのキャリア教育入門　基礎基本編／実践編

西川　純・深山智美 著

子どもの生涯の幸せを保障するために出来ることがある！

「特別な支援を必要とする子どもの一生涯の幸せを保障するために、学校が出来ることは？」保護者や施設、就職支援の方への実地アンケートをもとに、「学校卒業後を視野に入れた教育」「就労の仕組み」「今、卒業後の幸せのためにできる準備」とはどのようなものなのかを解き明かす、問題提起と提案の書。

基礎基本編
四六判　128頁　本体 1,500円＋税
図書番号 2261

実践編
四六判　144頁　本体 1,600円＋税
図書番号 1390

学級経営すきまスキル70　低学年／高学年／中学校

堀　裕嗣 他編著

ハードとソフトで学級のつまずきを解消！微細スキル70

学級経営のつまずきは、実は遅刻した子への対応や日常の給食指導等における細かなズレの積み重ねが原因です。本書ではおさえておきたい学級経営のスキルを７０の項目に分けて、「ハード編」として指導技術を、「ソフト編」として子どもに寄り添い支援する技術を紹介しました。

四六判　160頁
本体 1,800円＋税
図書番号 2751, 2753, 2754

明治図書　携帯・スマートフォンからは **明治図書ONLINE** へ　書籍の検索、注文ができます。▶▶▶

http://www.meijitosho.co.jp　＊併記4桁の図書番号（英数字）でHP、携帯での検索・注文が簡単に行えます。

〒114-0023　東京都北区滝野川7-46-1　ご注文窓口　TEL 03-5907-6668　FAX 050-3156-2790

資質・能力を育てる 問題解決型 学級経営

赤坂 真二 著

やる気を成果に結びつける！曖昧さと決別する学級経営

なぜ，あなたのやる気が成果に結びつかないのか。曖昧さと決別する「問題解決型」学級経営。子どもたちの未来を切り拓く資質や問題解決能力は，日々の学級経営の中でこそ身に付けることができる。学校現場の，リアルな学級づくりの課題から考える辛口の学級経営論。

Ａ５判　200頁
本体 2,000円＋税
図書番号 1388

最高の学級づくり パーフェクトガイド

指導力のある教師が知っていること

赤坂 真二 著

1ランク上のクラスへ！最高の学級づくりバイブル

最高の学級づくりを実現するパーフェクトガイドブック。学級開きから学級目標やルールづくり，気になる子や思春期の子の指導，学級のまとまりを生む集団づくりの必勝パターン，いじめ対応からＡＬまで。章ごとの「チャレンジチェック」でポイントもよくわかる必携の書。

Ａ５判　216頁
本体 2,000円＋税
図書番号 1695

幼稚園 365日の集団づくり

 日常保育編　 年間行事編

吉村　裕・丸山　克俊 編著

この1冊で幼稚園1年間365日の活動づくりがわかる！

幼稚園の1年間365日の活動づくりについて，①活動の流れをまとめた「デイリープログラム」②感動した子どものつぶやき・行動を集めた「天使のひと言＆子どもの行動」③保育者視点の気づき・リアルな体験をまとめた「私の保育日誌」の3点を切り口にまとめました。

日常保育編
Ａ５判　168頁　本体 1,860円＋税
図書番号 0888

年間行事編
Ａ５判　168頁　本体 1,860円＋税
図書番号 0889

生活指導・生徒指導 すきまスキル72

 低学年
 高学年
中学校

堀　裕嗣 他編著

ハードとソフトで指導のつまずきを解消！微細スキル72

生活指導・生徒指導で大切なのは，学校生活を送る上での基本的なことや定番の行事で起こり得るトラブル対応等，細かなことの積み重ねです。これらをうまく裁き機能させる「すきまスキル」を，規律訓練型の「ソフト」と環境管理型の「ハード」に分けてまるごと紹介しました。

四六判　160頁
本体 1,800円＋税
図書番号 2803, 2805, 2806

明治図書　携帯・スマートフォンからは **明治図書ONLINE** へ　書籍の検索，注文ができます。▶▶▶

http://www.meijitosho.co.jp　＊併記4桁の図書番号（英数字）でHP，携帯での検索・注文が簡単に行えます。

〒114-0023　東京都北区滝野川7-46-1　ご注文窓口　TEL 03-5907-6668　FAX 050-3156-2790

思考力・判断力・表現力を鍛える 新社会科の指導と評価

北 俊夫 著

深い学びを実現する！
新しい社会科授業＆
評価ナビゲート

社会科で「主体的・対話的で深い学び」をどう実現するか？「思考力・判断力・表現力」を核にすえながら，子どもたちの見方・考え方を鍛える授業づくりと評価のポイントを丁寧に解説。評価テスト例も入れた「資質・能力」を身につける新しい社会科授業ナビゲート決定版！

Ａ５判　184頁
本体 2,100 円＋税
図書番号 2136

主体的・対話的で深い学びを実現する！ 100万人が受けたい 社会科アクティブ授業モデル

河原 和之 編著

子ども熱中間違いなし！
「アクティブ社会科」
授業ネタ

100万人が受けたい！シリーズの河原和之先生の編著による，「主体的・対話的で深い学び」を切り口とした社会科授業モデル集。子どもの「興味」をひきつける魅力的な教材と，ワクワクな展開を約束する授業の秘訣とは。「深く，楽しく」学べる社会科授業づくり決定版！

Ａ５判　168頁
本体 1,900 円＋税
図書番号 2581

平成29年版 小学校 中学校 新学習指導要領の展開 社会編

小学校　北　俊夫・加藤　寿朗 編著
中学校　原田　智仁 編著

大改訂された学習
指導要領本文の徹底解説
と豊富な授業例

改訂に携わった著者等による新学習指導要領の各項目に対応した厚く，深い解説と，新学習指導要領の趣旨に沿った豊富な授業プラン・授業改善例を収録。圧倒的なボリュームで，校内研修から研究授業まで，この1冊で完全サポート。学習指導要領本文を巻末に収録。

小学校
Ａ５判　200頁　本体 1,800 円＋税
図書番号 3279

中学校
Ａ５判　208頁　本体 1,800 円＋税
図書番号 3342

続・100万人が受けたい 「中学社会」ウソ・ホント？授業シリーズ

河原 和之 著

子ども熱中間違い
なし！河原流オモシロ
授業の最新ネタ

100万人が受けたい！「社会科授業の達人」河原和之先生の最新授業ネタ集。「つまものから考える四国」「平城京の謎を解く」「"パン"から富国強兵を」「わくわく円高・円安ゲーム」「マンガで学ぶ株式会社」など，斬新な切り口で教材化した魅力的な授業モデルを豊富に収録。

中学地理
Ａ５判　144頁　本体 1,700 円＋税
図書番号 2572

中学歴史
Ａ５判　152頁　本体 1,700 円＋税
図書番号 2573

中学公民
Ａ５判　160頁　本体 1,700 円＋税
図書番号 2574

明治図書　携帯・スマートフォンからは **明治図書 ONLINE** へ　書籍の検索，注文ができます。▶▶▶

http://www.meijitosho.co.jp　＊併記4桁の図書番号（英数字）でHP，携帯での検索・注文が簡単に行えます。

〒114-0023　東京都北区滝野川7-46-1　ご注文窓口　TEL 03-5907-6668　FAX 050-3156-2790